喬木
書房

喬木書房

靠自己

——沒有不平的事，只有不平的心。

魯恩斯 著

人生的旅途中，總有那麼一段時間，需要你自己走，自己扛。

人這一輩子，別想那麼多，愁也是一天，樂也是一天。

不要以為你放不下的人，同樣會放不下你；魚沒有水會死，水沒有魚卻會更清澈。

這個世界不可能符合所有人的夢想，只是有些人學會了遺忘，有些人卻一直堅持。

目錄

第二章 珍惜擁有，留住現在的美好 55

第七章 豁達處世，造就平和的心境 215

序　言

人的一生看似漫長實則短暫，在這個短暫的生命過程中，總會有許多的幸福與悲傷，快樂與哀愁。然而，過去已經成為了昨日的雲煙，未來還停留在明日的期望中，只有當下才是我們可以把握的幸福；所以我們應當珍惜當下，活在當下，享受當下。

享受當下並不是一種頹廢而是一種體會到生命真諦後的灑脫，享受當下的人懂得肯定當下的自己，他們不會為了昨日而苦惱，也不會為了明日而傷神，他們不斷的努力在當下，相信只有靠自己才能拯救自己。因而他們更懂得珍惜當下的美好，珍惜自己的擁有，讓自己充實快樂的過好每一天。

他們擁有平和的心境，豁達的心胸，能用微笑面對謠言，能用一顆寬廣的心面對那些傷害自己的人；他們知道得饒處且饒人的智慧，不會在得失上斤斤計較，因為他們知道吃虧在當下，享受在未來。

靠自己的人能夠正視逆境，笑嘗人生苦辣，面對挫折，他們能勇敢的面對；心有韌性則百折不撓，因為他們知道挫折是人生必然要經過的一個過程，嘗盡了人間苦難才能體會生命的真諦，他們相信樂觀、堅強和勇敢一定能夠幫助他們走出逆境。

他們懂得簡約、平淡生活的快樂。無慾無求的生活讓他們體會到了知足常樂的幸福。在簡約的生活中，他們用一顆平常心去看待當下生活，用感恩的心看待世界，他們拒絕杞人憂天，也不預支明天的煩惱；只是體味平淡中的從容、享受著當下家庭、群體、朋友帶來的溫暖。

靠自己的人並不會碌碌無為，他們會甩掉依賴，做主未來，用自己當下的努力規劃未來的方向，描繪著美好的未來藍圖。擁有明確目標的他們，不會徘徊在當下，他們擁有雄心壯志但也能做好當下的事情，只會用自己當下的累積換取未來的成功。

而且能夠保持善良的本性，守住誠信的人格，他們懂得識別善惡，為人處事能夠把握好分寸，拿捏好尺度；因此他們能順勢而為，將自己置身在安全地帶。

靠自己的人會擁有正確的財富觀，愛財但不吝財，追求財富但取之有道。他們能夠善待財富，善用財富，過好每一天。

只有靠自己的人，才能體會出生命的美妙和人生的精彩，你何不也學著做一個享受當下的人呢？

第一章 肯定自己，忘記過去的種種

「我的人生我做主！」每個人的生活都有一個彩色地帶，但要想真正成為多彩生活的主宰者，你需要經常的肯定自己，任何時候，當你調換手中的遙控器時，需要讓心靈的視窗選擇自信的頻道。

美國哲學家拉爾夫・愛默生說：「肯定自己是成功的第一秘訣。」人生的關鍵在於肯定自己，然而有太多的人不相信自己，常常懷疑自己，甚至陷在自卑的泥淖中，因此迷失在生活的迷霧中。

其實，每個人都不是完美的，也許你沒有值得驕傲的成績，或許你有自卑的過去，但你要相信你自己，你的身上肯定具有別人無法企及的優點。其實，只要你保持一份自信的心，對自己充滿信心，懂得肯定自己，那誰也阻止不了你因此而獲得的精彩人生。

自己才是救世主

當我們遇到困難時，我們常常會想，這時候要是出現一個救世主，幫我們脫離困境那該有多好。很多人都在這樣的幻想中沉淪，而救世主卻一直沒有出現；於是，只能在困境中掙扎。

然而，誰才是你的救世主呢？人生苦短，不如意的事情十有八九，能夠將你帶離困境的也只有你自己，人最可靠的救世主就是你自己，這是不容置疑的人生真諦。

從前，在威尼斯的一座高山頂上，住著一位年老的智者，至於他有多大的歲數，為什麼會有那麼多的智慧，沒有一個人知道，人們只是盛傳他能回答任何人的問題。有兩個調皮搗蛋的小男孩並不這麼認為，他們甚至認為可以愚弄他，於是就抓來了一隻小鳥去找他。一個男孩把小鳥抓在手心一臉詭笑地問老人：「都說你能回答任何人提出的問題，那麼請您告訴我，這隻鳥是活的還是死的？」老人想了想，他完全明白這個孩子的意圖，便毫不遲疑的說：「孩子啊，如果我說這鳥是活的，你就會馬上捏死牠，如果我說牠是死的呢，你就會放手讓牠飛走。你看，孩子，你的手掌握著生殺大權啊！」

是啊，我們每個人的手裏都握著我們人生的生殺大權，你是想要快樂和幸福，還是在抱怨和困苦中度過一生，都取決於你的雙手。

所以，當你身處困境時，不要期望出現所謂的救世主來解救你，你要知道：即使這世間有救世主，那救世主也只能是你自己！

當然了，當一個人遇到不如意的事情時，希望能有一個救世主，把自己從困境中解救出來，這種想法自然是可以理解的。而且，人的一生中的確有可能會出現貴人，在你人生最困難的時候將你從困境中解救出來。但是，這一切都必須建立在你必須靠自己努力奮鬥的基礎上。否則，即使萬能的上帝，面對一個已徹底放棄、對自己毫無信心的人，也是無可奈何的。

曾經有這麼一個人，把自己多年的積蓄以及全部財產都投資到一種小型製造業上。原本想從此能脫貧致富，讓老婆孩子過上好日子。然而，初次經商的他對變化無常的市場把握不當，再加上原料價格不斷上漲等原因，他的生意一直不順，經常虧本，最後企業經營不下去，破產了。

他的企業一破產，他的家庭一下子失去了經濟來源，並且還欠下了許多債務，處於絕境之中的他，對自己的失敗、對自己那些損失無法忘懷，畢竟那是他半輩子的心血和汗水，好幾次他都想跳樓自殺，一死了之。

一個偶然的機會，他在一個書攤上看到了一本名為《怎樣走出失敗》的書，這本書讓他內心受到了無比的鼓舞，給他帶來了希望和重新振作的勇氣，他決定找到這本書的作者，希望作者能夠幫助他重新站起來。

當他找到那本書的作者，講完了他自己的遭遇，作者卻對他說：「我聽完了你的故事，我也很同情你的遭遇，但事實上，很抱歉！我無能為力，一點忙也幫不上。」

他聽完後，臉立刻變得蒼白，低下了頭，嘴裏喃喃自語：「這下子徹底完蛋了，一點指望都沒有了。」

那本書的作者聽了片刻，說：「雖然我無能為力，但我可以讓你見一個人，他能夠讓你東山再起。」

他立刻站起來，激動的抓住作者的手，說：「看在老天爺的份上，請你立刻帶我去見他。」

作者站起身，把他帶到家裏的穿衣鏡面前，用手指著鏡子說：「這個人就是我要介紹給你的人，在這個世界上，只有這個人能夠使你東山再起。除非你坐下來，徹底認識這個人，否則你也只有跳樓了。因為在你對這個人沒有充分認識以前，對於你自己或這個世界來說，你都將是沒有任何價值的廢物。」

他站在鏡子面前，看著鏡子裏的那個滿臉鬍鬚和毫無精神的面孔，認真地看著。看著看著他哭了起來。

幾個月之後，作者在大街上碰見了這個人，幾乎已認不出來了。他的臉不再是滿臉鬍鬚，而是眼睛炯炯有神，腳步也異常輕快，頭抬得高高的，衣著也煥然一新，完全展現出是一個成功者的姿態。

他對作者說：「那天我離開你家時，只是一個剛剛破產的失敗者。我對著鏡子找到了自信。現在我又找到一份收入很不錯的工作，我想過不了幾年，我就會東山再起。」他還風趣的對作者說：「也許再過幾年，我再去找你，就會給你一份報酬，你應得的報酬，因為正是你介紹我認識了我自己，使我對人生又充滿了信心。」

在任何時候情況下，都不能對自己喪失信心。面對困境時，一定要肯定自己，繼續朝著自己的目標不斷前進，相信你能夠擺脫困境，收穫成功的果實。

其實，成功者與失敗者之間的差距，有時候僅僅是因為一個人的意志力發生變化；人生被改寫，乾坤被扭轉，有時就是因為信心的不同。

要知道，生命是有限的，然而希望卻是無限的，只要我們每天都不斷的肯定自己，不忘給自己一個希望，給自己一個目標，給自己一點信心，我們就一定會擁有一個豐富多彩、陽光燦爛的人生。

因此，當你遭遇人生困境時，請不要洩氣，相信你能夠成為你自己的救世主。一旦有了意志和信心，就能戰勝自身的各種弱點，就能戰勝各種人生的困境，朝著目標前進，取得最終的勝利！

肯定當下的自己，你總有地方勝過別人

肯定自己也就是相信自己，形成對自我的積極認識。肯定自己首先是要肯定當下的自己，肯定當下自己是成功的精神動力、力量源泉。

即使現在的你不是你心目中最完美的形象，你也需要時常肯定當下的自己，相信自己的機會、相信自己的能力、相信自己的運氣、相信自己總有地方勝過別人，只有這樣，你才能不斷的前進。

小玲二十三歲就到了臺北，一開始迫於生活的壓力，努力打拚卻屢遭工作的挫折。但她不斷的從起點開始，不斷的為自己創造著更多的財富，尋找著職場更好的起點。不到五年她就擁有了人生中的第一桶金。現在坐在自己寬敞漂亮的辦公室裏，繼續她時尚創意的廣告策劃，過著自由、時尚、美麗、瀟灑的日子。

她經常說：「在自信十足的時候，做起事來就會很順利！」相信這是大部分人的體會。事實上，自信的人本身就有一種無法言傳的魅力。因為自信的人活潑、坦誠、虛心，為人大度、言行一致，而且果斷、幽默、勇敢。

所以說，肯定自己才是成功的起點，因為只有肯定當下的自己，才能光彩煥發、精神飽滿，工作起來才能得心應手、應付自如、充滿活力。而不會是心情暗淡、情緒低落、臉色無神，甚至終日疑神疑鬼，一看到他的樣子就知道他的日子過得沒有起色，生命失去了活力、事業失去了動力、生活也失去了快樂。成功對這樣的人來說，肯定成了一種奢侈。

你的人生能否獲得成功取決你是否懂得肯定當下的自己，是否善於發現自己的優點。想想看，別人和你一樣，都是赤裸裸的來到這個世界上的，你與別人頂著同一片藍天，踏著同一塊土地，呼吸著同樣的空氣，你憑什麼認為別人會比你強大呢？

當然，可能你沒其他人漂亮、帥氣，但你注意到沒有，你其實比那些比你漂亮、帥氣的人更有才華，更有內涵；可能你能力不如他人，但你比那些有能力的人堅強樂觀；可能你的財富比不上他人，但你比那些富有的人更幸福快樂。

其實，只要你勇於展示自己的智慧和風采，懂得肯定當下的自己，你就會發現，你完全沒有必要仰視別人。青松有青松的挺拔，梅花有梅花的品格，翠竹有翠竹的清韻；所以，肯定自己，認清自己比注視別人更重要。生活所需的不只是自謙更應有自信。

威廉・詹姆士說：「一般人只使用了智慧的一〇％，大部分的人並不瞭解自己有哪些才能，與我們應該取得的成就相比，其實我們還有一半以上沒醒著。我們只用了我們能力的一小部分。人往往活在自己所設的一個有限空間裏，我們擁有各式各樣的能力，卻不能成功地運用它們。」

所以，即使你現在過的不是很如意，也沒有取得什麼成就，但請你相信在這個世界上你是獨一無二的，以前沒有人像你一樣，以後也沒有。你要知道你是由父親和母親各自的二十三對染色體組合而成的，每一對染色體中有數百個基因，而任何單一的一種基因都足以改變一個人的一生。

哪怕你父母相遇並結婚，但生下孩子正好是你的機會，也只有三十億分之一。也就是說若你有三十億個兄妹，他們都會與你完全不同，這不是幻想，而是科學事實。

想想看，你之所以能以你現在的形態生活在這世界上，其實就是一種奇蹟。作為一種奇蹟而存在的你，有什麼需要自卑的呢？你應該為自己而感到驕傲和自豪。

是的，只要你用一顆肯定自己的心重新審視自己，你就會發現你擁有一方堅實的土地，擁有屬於自己的一切。你雖是滄海一粟，但你的存在，就足以顯示你的時代風情。不必追求時尚，更不必追求時髦，你就站在屬於自己的位置，不斷展示你內心的繽紛世界，給周圍以綺麗，給日子以詩意，給空氣以清新。

肯定當下的自己，我們需要的是一種活在當下的心態。

有這樣一句西方諺語：「Yesterday is a history. Tomorrow is mystery. Today is a gift!」意思是，昨天已成為歷史，明天神秘不可測，只有今天才是彌足珍貴的。這就是「活在當下」的正確心態。

湯尼・布朗是個著名的專業攝影師，作品經常出現在國家的報紙和許多雜誌上。他對生活的態度與他的作品一樣，影響著許多人。然而他現在樂觀、積極的生活態度，與他多年前經歷的一件事情有著密切關係。他回憶說：「那件事情發生在二十年前。我的工作不順利，家庭也有問題。有一天下午四點左右，我走在市中心的街上，要去一個客戶那裏做簡報。突然，我聽見一長聲喇叭和一個女人的尖叫聲，我抬起頭看見一輛車正往我面前衝過來。」

「一切彷彿像是慢動作一般，我呆呆的站在那裏，內心充滿恐懼的望著衝向我的車子，我腦子快速閃過……完了！我死定了！就在這千鈞一髮之際，我感覺有人抓住我把我往後猛拉。幾乎就只差幾公分了，我甚至還感覺到車子擦過我的外套。差一公分我就會被撞到了，那肯定必死無疑。我轉過身，驚魂未定的看著那個救了我一命的人，是一個瘦小的中國老人！」

「我真是被那個意外嚇倒了，全身發抖地坐在路旁的椅子上。」布朗先生繼續說：「那個中國老人也走過來坐在我旁邊，還關心的問我受傷了沒有，我說：我還好。好險！他說。我說：我知道，謝謝你救了我一命！我解釋說我過馬路時有點心不在焉，他說：在我的國度裏有一個說法：安身立命，活在當下！人的一生不應該經常被煩惱環繞。」

「在那一瞬間，我覺得我發現了生活的秘密。秘密不是那一剎那，而是『活在那一剎那』。快樂不是花幾年、幾個月、幾個禮拜，甚至幾天去找來的，它是從活在當下裏面找到的。」

是的，就是要活在當下，把握好今天。相信自己，肯定自己，肯定當下。

只要你認為可以，就是可以！沒有什麼能阻擋你的步伐。**要知道一個平凡的人，只會想到未來；一個成功的人，懂得把握當下；一個自認平凡的人，只會否定自己；一個自認清高的人，只會肯定自己；一個消極的人，只會自尋苦惱；一個積極的人，懂得處理煩惱；一個有想**

法的人，會肯定當下的自己！

所以，請做一個活在當下，肯定當下自己的人。不要把你自己主動裝進世俗的圈子裏，不要經常拿自己與別人相比，人與人的個性差異是客觀存在的，而且社會環境十分複雜，要勇於接受那些不可避免、又令人不愉快的事實。懂得發現自己的優點，肯定當下的自己才是最重要的，你就是你自己，而且是世上唯一的。

不要信守這樣的格言：「別人能做到的，我同樣也能做到。」那只是一個美麗的謊言。所以，要積極的肯定當下的自己，哪怕只有一點點進步，你也要高興、自豪，不斷的鼓勵自己。

對別人的議論不必介意，不要做違背自我的事；走自己的路，讓別人去說吧。

相信你自己總有某一方面達到了別人無法達到的高度，肯定當下的自己，活在當下！讓自信伴著你一生，站著是一棵樹，倒下是一捆柴，完整時給人啟示，粉碎時照亮別人。

找回本色，走自己的路

「走自己的路，讓別人去說吧！」這是我們很多人的口頭禪，然而在現實生活中，很多人都很難做到這一點。人們總是在不停的模仿他人，不懂得保持自我本色。

亦茹小時候是一個很敏感內向的女孩子，長得很胖，兩頰豐滿，這讓她看起來更胖。她的母親很刻板，認為衣服穿得太漂亮很愚蠢，衣服太合身會把它撐破，不如穿得寬大一些。（亦茹她也是這樣打扮女兒。）亦茹在小時候從沒參加過任何的聚會，沒有什麼開心的事。上學後，也不參加同學們的活動，包括運動。她害羞極了，感覺自己是個異類。

然而長大後，情況也沒有好轉。她嫁了一個大她幾歲的丈夫，她丈夫家的人穩重而自信，她很想像他們一樣，自信、穩重的生活。她還曾經努力的模仿過，但情況還是沒有一點起色。

她的家人也試著幫助她，結果總是適得其反，把她推到更壞的處境。她變得更加的不自信，也越來越緊張易怒，害怕見到任何朋友。每次在公共場合，她都盡量假裝開心，她害怕別人認為自己是個異類，可是往往會裝得過了頭，事後累得半死，以至於她開始懷疑自己是否有繼續生存的必要。

然而，她婆婆偶然的一句話改變了她一生，她從此找回了自我。有一次，她婆婆和她談如何教育子女，她婆婆說：「不論遇到什麼事，我都堅持讓他們保持自己的本色……」，「保持自我本色！」這一句話就像靈光一閃，突然間讓她明白，她所有的不幸都起源於自己把自己限制在一個模式中了。

從此之後，她變了！她開始保持自我本色，努力研究自己的個性，認清自己，並找出自己的優點。她學會了怎樣配色與選擇衣服，以顯示出自己的品味。她主動結交朋友，她還加入了一個社團，每次上台都得到了更多的勇氣。後來在教育自己的子女時，她一再告訴他們：不論發生什麼事，要保持自我的本色，自己要走自己的路。

那麼，我們該如何才能走自己的路，如何才能保持自我本色呢？這個問題像歷史一樣古老，也像人生一樣普遍。它是一個古老卻又時新的話題。

其實，一個人最糟糕的是不能成為自己，不能在內心中保持自我。

好萊塢著名導演山姆・伍德曾說：「最令他頭痛的事，就是年輕演員不能保持自我。」他們每個人都想成為二流的拉娜・特麗斯或三流的蓋博，他不停的告誡他們：「觀眾已經嘗過那種味道了，他們需要來點新鮮的。」他憑藉著自己做過房地產銷售員的經驗，盡量不用那些模仿他人的演員，那是最保險的。完全模仿別人絕對會一事無成。

然而，擁有「走自己的路，讓別人去說吧！」氣魄的人卻是很少的，保羅・帕頓是一家石油公司的人事主管，他面試過的人超過六千人，他曾說：「求職者犯的最大錯誤就是不能保持自我。他們常常不能坦誠的回答問題，而是說出他們覺得你想聽的答案。」但那是沒有用的，沒有人願意聽一種不真實的、虛偽的東西。

所以，只有在生活中保持自我本色，追求真我，有勇氣執著走自己路的人才能獲得成功。凱絲・達萊是一位公共汽車駕駛員的女兒，她想當歌星，但不幸的是，她長得不好看，嘴巴太大，還長著暴牙。

第一次在新澤西的一家夜總會公開演唱時，凱絲想用上唇遮住牙齒，企圖讓自己看來顯得高貴一些，結果卻把自己弄得四不像。這樣下去，她註定會失敗。

幸好當晚在座的一位男士認為她很有歌唱天分，他很率直的對凱絲說：「我仔細看了妳的表演。看得出來妳想掩飾什麼，妳覺得妳的牙齒很難看嗎？」

凱絲聽了這話內心覺得很難堪，恨不得馬上轉身而去，但那個人還是繼續了下去：「暴牙又怎麼樣？那又不是犯罪！不要試圖去掩飾它，張開嘴就唱。妳越不以為然，聽眾就會越喜歡妳。再說，這些妳現在引以為恥的暴牙，將來可能會帶給妳財富呢？」

凱絲・達萊接受了那個人的建議，把牙齒的事拋諸腦後。從那次以後，她只把注意力集中在觀眾身上。她開懷心情地演唱，毫不在意自己那突出的牙齒。後來，凱絲・達萊成了電影及電台走紅的頂尖歌星。在她唱紅之後，別的歌星反而想要模仿她了。雖然揚長避短是一個人走向成功的重要法則，但刻意掩飾自己的不足，卻往往適得其反。所以說，保持自我本色才是王者之道。

杜加爾曾說過：「準確地看到自己的本來面目，必然的結果是：接受自己的本來面目。」

像作曲家歐文・柏林給喬治・格希文的忠告那樣。當柏林和格希文初次見面時，柏林已聲名卓著，而格希文還是一個剛出道的年輕作曲家，一週只賺三十五美元。柏林很欣賞格希文的能力，問他是否願意做他的秘書，薪水大概是他當時收入的三倍。「還是不要接受這個工作，」柏林同時也忠告他說，「如果接受，你可能只會變成一個二流的柏林，如果你堅持繼續保持自己的本色，總有一天你會成為一個一流的格希文。」格希文接受了這個勸告，最終他成為美國最重要的作曲家之一。

不但格希文經歷過這樣的過程，很多知名人士都曾經經歷過這樣艱難保持自我本色的過程。卓別林、威爾・羅吉斯、瑪麗・麥克布蕾、金・奥特雷，以及其他幾百萬的人，都學過保持自己本色的這一課，儘管學得很辛苦。

卓別林開始拍片時，導演要他模仿當時的著名影星，結果他一事無成，直到他開始發揮自己的特色，才漸漸成功。當瑪麗・麥克布蕾第一次上電台時，她總想模仿一位愛爾蘭的明星，但總是沒有成功。直到她以一位密蘇里州鄉村姑娘的本色面目出現時，才成為走紅的播音員。金・奥特雷一直想改變自己的德州口音，打扮也像個城市人，還對外宣稱他是紐約人，結果別人都在背後嘲笑他。後來他開始重彈其他，演唱鄉村歌曲，最後奠定了他在影片中受歡迎的牛仔地位。

肯定你自己，相信你自己是這個世界上一個嶄新的自我、獨一無二的自我，所以請你為此而自豪吧！請保持你的本色，堅持走自己的路。無論是好是壞，只有種好自己的自留地，才能收穫糧食，只有經營好自己的小花園，才能收穫滿屋芳香。

愛默生說過：「一個人終有一天會明白，妒忌是無用的，模仿就是自殺。無論好壞，人都要保持自己的本色。」是啊，人世間充滿了未知的事物，只有你自己才能幫助自己，所以，請你相信你自己，相信上天賦予你的能力，永遠的保持自我本色，堅持走自己的路。

不斷吸取建議，在自省時查漏補缺

我們不斷的肯定當下的自己，我們堅持走自己的路，那是一種自信與堅持。但我們可以自信、可以執著，卻不能自負、不能固執。在人生的旅程中，活在當下的我們也需要不斷吸取他人的建議，以便我們在自省時查漏補缺。

當然，在我們日常生活中，當我們遇到困難時，我們也習慣於徵詢他人的建議。「他人」可能是來自與我們關係比較親近者，也可能是教會的弟兄姊妹，或其他的朋友、同學、鄰居或同事等等。

俗話說：「旁觀者清。」很多時候，身處漩渦中心的我們無法認清我們所處的形式。所以，我們尋求他人的建議基本上是必要的，因為神創造我們成為一種群居的動物，唯有在與他人的互動中才能夠找到自己的身分以及存在的目的。

似乎人人都懂得自加，卻很少有人懂得自減，總是認為自己說的、做的都是對的，都是有道理的。「長於責人，拙於責己」或以「自我為中心」似乎是現代人的通病。例如，有時我們在沒有惡意的情況下說了一些話，卻令別人不開心，甚至傷害到別人，但我們對別人的不開心，或受到的傷害卻一無所知。這個時候，多聽聽別人的建議，不斷的吸收他人正確的建議，你就會發現你的人際關係、工作能力都得到了很大的提高。

因為我們每個人都不是完美無缺、十全十美的，都有說錯話、做錯事的時候，所以我們才需要聽從別人的意見和建議，但也要靠自己的選擇。

雖然我們需要不斷的吸取他人的建議，但我們也要注意，不能在面臨某項決定時毫無止境的尋求他人的建議，以致造成「尋求建議是為了逃避面對問題的責任」的境況。所以，我們應該在不斷吸取他人建議的同時，不斷的反省自己。

是的，我們每個人都有缺點，都會犯錯。所以，為什麼不靜下心來吸取他人的建議，不斷反省一下自己呢？

松下幸之助在松下電器創立五十周年紀念日上的講話中說：「我們已經走過了二百五十年計畫的五分之一，現在徹底回顧並檢討這五十年。我認為我們過去走的路沒有錯，是成功的，而各位也非常熱心和努力。

可是詳細研究這五十年的內容時，似乎存在著失敗，即使不能算是失敗，似乎也有考慮不充分之處，有做得並不十分完善之處，以及疏忽大意的地方。在今後的年代裏，就要消除那些錯誤，即使是只能往前推進一步也好，希望大家能和我一同在這有意義的一天裏，深深反省。

我發覺，不論國家或個人，沒有反省就沒有進步。同樣的道理，沒有反省的公司，也會停頓不前。從這個意義上說，進步是由反省產生的。不能因為業績上升，就認定昨天和以前的做法是對的。一定要知道，今天的做法並不能得到滿分，一定還有值得改進的地方，然後每個人都以一百分為目標去努力。即使做不到，也要經常保持這種反省的態度。我認為我們的今後會有很大的發展，不過希望各位能認清這一點，即是否成功，完全繫於這一年的反省上面！」

是啊，唯有反省才能進步，唯有善於吸取他人建議的人才能有效的反省。一個人不管失去多少，只要還能夠自我反省，就不算完全失敗。不僅要在逆境中反省，還要在順境時反省，只有這樣，才能防患於未然，將危機消除於無形。

沒有反省，就沒有進步。成功學專家羅賓認為：「我們不妨在每天結束工作時，好好問自己下面的這些問題：今天我到底學到些什麼？我有什麼樣的改進？我是否對所做的一切感到滿意？如果你每天都能改進自己的工作，必然能夠如願實現自己的人生價值。」

德國詩人海涅說過：「反省是一面鏡子，它能將我們的錯誤清清楚楚的照出來，使我們有改正的機會。」

著名的經濟學家凱因斯，同時也是華爾街投資公司的高級顧問。他的一生非常成功，年紀輕輕就已經是百萬富翁了。當記者問其成功之道時，凱因斯說：「我有一個習慣，喜歡為自己制訂計畫。計畫包括每一年的計畫，也包括每個月的計畫，甚至還落實到每一天。可以這樣說，我之所以能夠取得成功，這些計畫有著非常重要的作用。」

記者問：「計畫？怎麼利用這些計畫呢？」凱因斯說：「只有計畫還是不行的，還要嚴格的執行計畫，這就涉及到自我反省。我每天都要反省，看一看今天有什麼收穫，有什麼地方做得不好。凡是沒有做好的地方，必須想辦法彌補回來。同時，再想一想今天的成績，用它們來鼓勵自己繼續努力。同樣的方法，每一個月、每一年都要做這樣的反省。」

法國牧師納德・蘭塞姆去世後，安葬在聖保羅大教堂，墓碑上工工整整地鐫刻著他的手跡：「假如時光可以倒流，世界上將有一半的人可以成為偉人。」一位智者在解讀蘭塞姆手跡時說：「如果每個人都能把反省提前幾十年，便有五〇%的人可能讓自己成為一名了不起的人。」

雖然，他們的說法有異，但實質上闡述的都是反省之於人生的重要意義。與其等到年華老去的時候感嘆，何不從現在開始反省自己呢？趁著我們的人生正處在進行時狀態，多吸取他人的意見，不斷在自省中進步吧。

當然，反省也不是說隨便聽聽他人的建議，每日想想自己的所作所為就可以了。反省還需要增加廣度和深度，其方法就是從他人的經驗教訓中得到啟示，從別人的經驗教訓中學習，並將反省的思考付諸實踐。也就是說，善於將他人的建議融合到自己的實踐行為中。

歌德曾說：「知之尚需用之，思之猶應為之。」所以，從現在開始去吸取他人的建議，在反省中查漏補缺吧。

放下過去，不為昨天的困苦買單

我們常常感覺自己很累，往往還會對生活有一種焦慮。是的，競爭激烈的現代社會生活中，「生活太累了！」成為現代都市人的普遍感慨。其實，要想活得輕鬆不難，擁有一個幸福的人生也很簡單，只要我們學會擁有「放下過去，不為昨天的困苦買單」的心態。

「放下過去，不為昨天的困苦買單」，就是說不要與自己的過去較勁。如果一有過錯，我們就陷入無盡的自責、哀怨、痛悔之中，我們將永遠活在昨天，而失去了前進的動力。對於錯誤來說，懊悔毫無用處，只能帶來更大的痛苦。如果摔倒了，我們唯一該做的，就是爬起來，拍拍身上的灰塵，重新走上人生的旅途。

也許我們的過去是美好的記憶，但也有可能是不堪回首的困難。然而，人的思緒是很奇怪的，有些人不容易記住往昔的美好，卻始終放不下昨日的困苦和挫折。

其實，想想看，正是過去的種種，才造就了我們今天的性格、容顏和所有……過去的都已經過去了，我們不應該往後看，除非能從過去的錯誤中獲取有用的教訓。過去無法改變，我們只能活在現在。然而，當一件不好的事情發生時，我們總習慣嘆息說：「假如當初……」，其實，「假如當初」這種想法一開始就是個錯誤，因為，凡事沒有絕對的對或錯。假如我們選擇了一條路，就無法確定如果選另一條路的結果會如何。假如當初我們做的是另外一個決定，那樣或許就會更好嗎？不，沒有什麼是絕對的。

想過嗎？當我們說：「早知道」的時候，就表示之前並不知道。既然是不知道，又能怎麼樣選擇？我們又怎麼對一件根本不知道的事來做判斷？

既然我們不是先知，無法預判下一時刻將要發生的事情；那麼，我們的人生就不免會有很多遺憾，會有困苦。雖然困難和困苦是無法避免的，但我們卻可以決定自己要受苦多久。既然如此，決定權在自己，為什麼我們總要讓自己苦上個十天半個月，甚至好多年還不肯「放下」呢？

所以，「不要為打翻的牛奶哭泣」是永不過時的哲理。過去的已經過去，歷史不能重新開始，為過去哀傷、為過去遺憾，除了勞心費神，分散精力，實在是沒有一點益處。永遠不要為昨天的困苦買單，只有這樣，我們才能享受得到活在當下的幸福。

在漫長的人生道路上，有著太多的酸甜苦辣、太多的喜怒哀樂以及悲歡離合，過去的已經過去，如果我們把這一切包袱都背在身上，走得豈不太累？還怎能去體會人生其他樂趣呢？如果往事不堪回首，還硬是要去回首，煩惱豈不是日日如影隨形？

泰戈爾說過：「當你為錯過太陽而流淚時，你也將錯過群星。」何必為追不回來的東西而流淚呢？當下最重要的是抓住現在的機遇，讓它開出成功而絢麗的花朵。

忘記過去的成功與失敗，給自己一個全新的開始，我們便會從未來的朝陽裏看見另一處成功的契機。

有個泰國企業家，他把所有的積蓄和銀行貸款，全部投資在曼谷郊外一個備有高爾夫球場的十五幢別墅裏。但沒想到，別墅剛剛蓋好時，時運不濟的他卻遇上了亞洲金融風暴，別墅一間也沒有賣出去，連貸款也無法還清。企業家只好眼睜睜地看著別墅被銀行查封拍賣，甚至連自己安身的居所也被拿去抵押還債了。

情緒低落的企業家，完全失去鬥志，他怎麼也沒想到，從未失手過的自己，居然會陷入如此困境。他承受不起此番沉重打擊的，在他眼裏，只能看到現在的失敗，更不能忘記以前所擁有過的輝煌。

有一天，吃早餐時，他覺得太太做的三明治味道非常不錯，忽然他靈光一閃，與其這樣落魄下去，不如振作起來，從賣三明治重新開始。

當他向太太提議從頭開始時，太太也非常支持，還建議丈夫要親自到街上叫賣。企業家經過一番思索，終於下定決心行動。從此，在曼谷的街頭，每天早上大家都會看見一個頭戴小白帽，胸前掛著售貨箱的小販，沿街叫賣三明治。

「一個昔日的億萬富翁，今日沿街叫賣三明治」的消息，很快的傳播開來，購買三明治的人也越來越多。這些人之中有的是出於好奇，也有的是因為同情，更多人是因為三明治的獨特口味，慕名而來。從此，三明治的生意越做越大，企業家很快的走出了人生困境。

他之所以能失而復得一個如此明媚的今天，是因為在曾經的失敗向他挑戰現在和未來時，他沒忘記先將身上的灰塵拍落，然後再輕輕鬆鬆的與之應戰。

這個泰國企業家名叫施利華。幾年來他以不屈不撓的奮鬥精神，獲得全國人民的尊重，後來更被評為「泰國十大傑出企業家」之首。

是啊，終日想著那些不幸的經歷和已經錯誤的路途，只會是越加劇我們自身的傷痛，也只會讓我們對未來的看法越來越黑暗、越來越怨恨。忘掉它們，把那些痛苦的過往從記憶中逐出，就像把一個盜賊從自己家中逐出一樣。

所以，請從記憶中抹去一切使我們消沉、痛苦的事情，只有把這些放下了、忘記了，我們才能重新開始生活；所以，對於那些不幸的經歷，唯一值得去做的，就是徹底將它們埋葬。

人生短短幾十年，何苦撐得那麼疲累，何不學著把該忘的都忘了，無論多麼風光或多麼糟糕的事情，一天之後便會成為過去。所以，何必太在乎呢？給自己一個新的開始吧。

要知道，人生不可逆轉，時光不能倒流，在過去的長河中我們難免留下了遺憾，偶爾回頭去想想那些經歷過的挫折，也許對我們以後的人生、心態、行為會有一些糾正和指引。但沉溺於當初的痛苦之中，只會停止我們的腳步。

只有今天和此刻所做才是真實的，徹悟昨天、今天和明天的時間關係，就不會沉浸於痛苦中不能自拔了。如果我們能把昨天看成是今天的經驗、借鑒，把明天看作是今天努力的收穫，就能在積極的情緒下把每一天都過得有意義。

所以，過去的就讓它過去，我們的心承載不了太多的過去，不管是痛苦還是輝煌。

就像一首歌曲裏唱的，「讓過去飄散在風中吧」，人生就是不斷重新開始的過程，隨時都可以有新的開始，新的希望，新的天空。

所以，請你忘記過去，收拾行囊，重新出發吧。

成績只說明過去，當下仍需積極努力

痛苦屬於過去，我們需要放下昨日的痛苦，才能重建美滿的新生活。同樣，成績也只能說明過去，我們也需要放下昨日的成績，努力在當下，這樣我們才能繼續前進。

又是一個星期六的晚上，餐桌上觥籌交錯，美蓮的父親邀請朋友來家裏聚會。對美蓮來說，這一次又出現了很多生疏的面孔。

美蓮喜歡這種場面，甚至有些渴望。這是因為，她不想失去任何一個可以讓自己「芳名遠揚」的機會。

餐桌上，美蓮的父親和朋友們談興正濃，她知道這種場合總會有她上場的機會。果然，美蓮的父親突然自豪地對眾人說：「我只有一個女兒，但我的女兒可了不起。」說完，轉頭又對美蓮說：「去把妳的證書拿來，給叔叔們看看。」和以前一樣，美蓮三步作兩步跑回書房，拿起那一疊「整裝待命」的證書。爸爸接了過來，一一打開並對眾人解說。這時候，她就像明星被隆重推出一樣，受到了熱烈的歡迎。叔叔們都嘖嘖稱讚，有的對她報以讚賞的笑容，有的豎起大拇指說：「真行！這孩子真不錯！」、「比我們家那孩子強多了！」、「這孩子這麼聰明？肯定像她父親。」那早已聽慣的讚美之辭，化為一陣陣波濤把她推向虛榮的頂峰。

證書傳到一位叔叔手裏，他凝神看著，若有所思：「這是妳以前得的吧？」他的聲音很平靜。

「是的。」美蓮回答道，準備好了聽他的誇讚。

「那現在的呢？」他的語調仍很平靜。

「現在的？」美蓮一愣，不解地望著他。他一身藍色的西服，身體瘦弱，帶著一副金邊眼鏡，實在是很不起眼。

「沒有。」美蓮小聲回答說。

「美蓮，過去的都已經過去了，一定要把握現在呀！」他感慨的說。

美蓮聽了之後，慚愧的低下了頭。

你是不是曾經也有過美蓮這樣的經歷？但你是否也像美蓮一樣，不懂得昨天已是過往雲煙，成績只是表示過去，無法挽留呢？如果我們還在為昨天取得的一點成績而沾沾自喜，或是因為做錯了一件事情而愁眉不展，那麼就永遠陷進了昨天的泥淖中不能自拔。同時，今天的時光也會從我們沾沾自喜或愁眉不展中悄悄流逝。

是的，昨天只能代表過去，昨天的榮辱都已過去，過分留戀昨天只會把今天失去！只有活在當下，享受當下才是正確的態度。

可口可樂公司前任董事長保爾・奧斯丁曾這樣說過：最糟糕的事就是一個高階主管對公司在市場上的成就沾沾自喜，尤其是公司處於最佳時期。

雖然，很多時候這種危險表現的並不是很明顯，很多吃老本的人有時並沒有意識到自己正在衰退。也有許多聰明人在這方面栽跟頭，他們認為自己的成績是顯而易見的，提升和獎賞都必然降臨到自己身上，殊不知，這種自滿情緒是很危險的。

在美國的一個大公司中，有兩個人在爭奪第一把交椅。一個是當時的第二號人物，一個是第四號人物。第二號人物當時業績輝煌，他確信憑自己的成績擔任總裁是毫無問題，沒有必要去進行任何競選活動。而此時，那位處於劣勢的第四號人物，除了積極工作以外，還聘用了一位公共關係專家，到處活動、演講，拜訪公司下屬地區的分部經理，和每位董事談話，與董事長溝通。談話中的重點並不放在以往的業績上，而是極力描述如何開拓公司更美好的前景。漸漸的，他頭上顯露出總裁的光環，那位目瞪口呆的第二號人物最後憤而辭職。

任何時候，成績只能說明過去，當下仍需積極努力，如果過分注重老本，用以往的成績說話，容易躺在過去的成績上睡大覺。然而，不管過去的成績是多麼的優秀，都比不上能夠創造未來佳績的工作計畫更有份量。兔子正是因為被自己過往的戰績所迷惑，躺在過去的成績上睡懶覺，才會在龜兔賽跑中輸了比賽。

所以，「向前看，生活才會充滿陽光，才會充滿希望」，這雖然是句老話，不過無論在艱難的困境中，還是幸福的美好時刻，這句話都提醒著我們不能沉淪過去的成績或輝煌，始終要把眼睛看向前方。

其實，生命的輝煌就在於不斷的進取，不斷的超越，只有不沉溺於過去的成績，我們才能不斷的進步。

在錯誤中成長，不在同一地方翻船

我們都是平凡的個人，所以我們都會犯錯，雖然沒有人喜歡犯錯誤，但是你無法避免要犯些錯誤。所以，我們不要害怕犯錯誤，只要能從錯誤中吸取教訓，不在同一地方翻船，它們就會推進你的進步。

其實犯錯誤，遭遇挫折都不可怕，它們在本質上是能夠促使你進步的，愛因斯坦曾說：「一個人從未犯錯是因為他不曾嘗試新鮮事物，所以不要內疚和自責。」

當流行偶像瑪丹娜被問及其成功的秘訣時，她的答案簡潔而精闢：「我犯了許多錯誤，但也從中學會了許多。」是啊，犯錯誤是不可怕的，關鍵的是要從錯誤中學會成長。瑪丹娜的成功秘訣再次說明了這個眾所周知的道理：不經一事，不長一智。

所以說，犯了錯誤並不可怕，關鍵是我們是否能夠從錯誤中吸取經驗教訓，繼續成長。

只有經歷了失敗的痛苦，才能真正體會到成功的歡樂；只有經歷了失敗的考驗，才有做人的成熟。只有從錯誤中吸取教訓，才能變得成熟。

橡皮擦、修正液的發明是為了什麼？為的就是讓你在不慎犯了錯之後，有機會再重新來過。

犯錯後想掩飾是人之常情，每個人都難免有這種心態，但是不要老是用「推諉責任是人性的弱點」為藉口寬容自己。我們需要勇於承認錯誤，並且努力改正錯誤。因為只有承認錯誤的人，才能在錯誤中成長。

勇於承擔錯誤是成功的前提之一，即使所犯的錯誤微不足道，但逃避的心態也會讓你因整天擔心而心力交瘁，而且永遠不可能從錯誤中學習經驗，獲得成長。

有些人不懂得這一道理，特別是那些喜歡抱怨的人，總以為自己是十全十美的，千錯萬錯都是別人的錯。於是當工作上出現了一些錯誤的時候，他們就只會一味地抱怨別人，而從不在自己身上找問題，這當然會引起同事的不滿，下次就沒有人願意與他們合作了，即使是不得不合作，氣氛也不會很融洽，於是在部門或工作團隊中，你就會處於被孤立的境地，而一個人一旦被孤立起來，找不到志同道合的合作者，那就很難有所作為了。

聰明人都懂得在恰當的時機勇於承認錯誤，願意承擔責任，只有這樣才能認識到錯誤，並學會在錯誤中成長。也只有這樣才會取得同事的同情、理解和尊敬，擁有良好的人際關係，才會在職場上走得順心如意。

是的，只要我們正確的對待錯誤，勇於承認錯誤，並從錯誤中吸取經驗教訓，我們就一定不會在同一地方翻船，我們就一定能在錯誤中成長。

英國有位名叫吉米的「電視廚師」的經歷，就印證了這一點，一九九八年在BBC剛露面的時候，還是個可愛帥氣的大男孩，由於他把做菜變成了一種生活藝術，而且在做菜的時候又表現得很「酷」，以至於有媒體說，整個英國都為他瘋狂了。他不僅成了能讓年輕人放棄垃圾食品的楷模，而且他出的書，還成了人們過生日和耶誕節的最好禮物。一九九九年，首相布雷爾宴請義大利總理時，還特地請他到唐寧街去做正宗的義大利菜。

然而，就如同他當年一夕之間成名一樣，他的名氣也在一夕之間變臭，他竟然成了二〇〇一年度，全英國最讓人嫌棄的名人。

原本熱愛他的媒體，全都「仇恨」起他來，雖然他的食譜還是受人歡迎，但是報紙再提到他時，已是噓聲一片。

吉米從天上掉到深溝裏的主要原因，是他成了一家超市集團的廣告明星，他把自己的名聲當成了賺錢機器，居然把他的妻子和朋友們都拉進到電視廣告中，以致讓媒體和公眾極其反感、厭惡。

然而，吉米並沒有因此而一蹶不振，他對自己的突然失寵雖然頗感冤枉，但他並沒有在人們的批評指責聲中灰心喪氣。相反，在他冷靜下來之後，他就開始從人們的批評指責聲中，去尋找自己重新受到人們歡迎的「法寶」。這個法寶他終於找到了，這就是做人必須要有社會的責任感，必須無私的讓自己的智慧與能力發揮更大的作用。於是他自掏一百三十五萬英鎊（有些錢是用自己的房產作抵押找銀行貸來的），建立了一個烹飪學校。他專門從拿救濟金過生活的人之中，挑選了十五名年輕人來培訓，希望把他們培訓成一流的廚師，給他們一個光明的前途。他決心每一屆培訓十五人，就這樣一屆接一屆的培訓下去。

吉米勇於承認錯誤，並從錯誤中吸取教訓，敢於改正錯誤的態度再次讓他獲得了公眾的喜愛，於是從批評者到一般公眾，大家都又重新把最熱情的讚美和最熱烈的掌聲獻給了他。

其實，每個人難免都會犯錯誤，每個人難免都會遇到挫折，但只要能在錯誤中成長，就算犯了錯也是值得的。

既然人生難免要犯錯，那麼就請學會犯一回錯，長一分見識，增一分閱歷。犯錯不要緊，問題的關鍵在於怎樣對待錯誤，要能找出其中錯誤的原因，就能在以後避免犯相同的錯誤。

第二章　珍惜擁有，留住現在的美好

孩提時代，我們渴望長大，渴望擺脫老師的教鞭、父母的懲罰。長大了，老師的嚴肅，父母打罵你一頓反過來又哄著的場景卻成為一種珍貴的擁有，引起我們無限的懷念。似乎，我們總是在憧憬未來，或者懷念過去，卻總是忽視現在的美好。

然而，未來的似乎遙不可及，過去的卻已經成為永久的過去。我們能夠把握的反而是常被我們忽視的現在，因此只有現在才是最真實的。「悟以往之不諫，知來者之可追。」「及時當勉勵，歲月不待人。」無數的事實，都在向我們陳述：今朝最可貴，擁有當珍惜。

因為，人生沒有草稿紙，沒有修正液，而生活也不會給我們打草稿的時間，更不會讓我們有重新來過的機會。所以，請把握好現在，認真的對待現在；珍惜你的擁有，留住現在的美好。

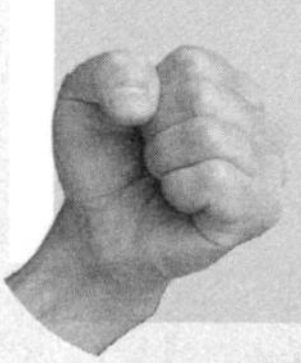

人生是條單行道，走過就無法回頭

人生是一條直行線，只能往前，不能轉彎或者回頭，就像一條封閉的單行道。在人生的這條單行道上，過去的不會再次出現，失去的就無法重新擁有。與你擦肩而過的風景就不會與你再相逢，這就是人生最為無情的一面：人生只有一次，走過就無法回頭。

在這條人生的單行道上，一般而言，既寬且堵，寬是自由選擇的象徵，堵是命運多難的暗喻。有的時候你能在這條寬闊的路上自由行駛，有的時候卻被堵的無法動彈。然而是寬是堵，是順暢還是停滯，你都只能靠自己沿著這條道路向前行駛，無法回頭。

因為人生是條單行道，人生彷彿被拉得很長。也因為社會經濟的發展，人們健康而溫飽無憂，所以我們可以擁有幾十甚至上百年的壽命，但也因此歲月給了我們更多的歷練。

因為人生是條單行道，人生所以無法回頭，於是我們又時常感到人生的短暫。這種無法重複體驗的感覺讓我們必須時時緊握拳頭，這種短暫而無奈的感受讓人痛苦萬分。

既然人生不能回頭，不能重新開始，那麼在這條單行道上，我們就應該珍惜現在，珍惜我們的所有，讓每一分、每一秒都過的十分的有意義。

湯姆・奧斯丁是一位名醫，他越來越多地接觸到因煩惱和憂慮而生病的人，他們總是因為過於煩惱以前和憂慮未來，而長期悶悶不樂損壞了健康。為了能更徹底的醫治好這些人的病，他給他們開了一個簡單卻有效的藥方：「每一個剎那都是唯一」，意思是說：我們活在今天，就只要做好今天的事就好了，無需擔憂明天或後天的事；我們活在此刻，就要好好珍惜此刻的時光，因為每一個瞬間都是獨一無二的。

他說：「珍惜此刻和今天，還有什麼事情值得我們去擔心呢？每天只要活到就寢的時間就夠了，往往不知抗拒煩惱的人總是英年早逝。」的確如此，如果每天都處於憂慮中，身體就像一根繩子般，拉來拉去，遲早會拉斷。如果每天都在憂鬱未來，痛苦過去，那我們怎麼能享受現在呢？

既然我們的人生是不可以重來，何不讓我們把每一天、每一個瞬間都活成永恆呢？其實，每一天、每一小時、每一分鐘、每一秒都有值得我們珍惜的。所以，請用你的眼睛攝下每一瞬間的精彩，用肢體感受全部的美好，別讓生命留下遺憾。

如果我們把生活分成一小段一小段，更多關注眼前的時光和日子，所有的事都會變得容易的多。如果我們只活在每一個片刻，就沒有時間後悔，沒有時間擔憂，而只專注在眼前。你會發現你的身邊藏有很多的美好，你所追求的一切其實就在你的身旁。

所以，我們在做任何事情的時候都請全力的去做。當我們吃的時候，要全力的吃，不管在吃什麼；當我們玩樂的時候，要全力的玩樂，不管在玩什麼；當我們愛上對方的時候，要全力的去愛，不計較過去，不算計未來，全力的投入，全力的享受。

在煩惱的時候總是對自己說：「現在我不要想這些，等明天再說，畢竟，明天又是新的一天。」昨天已過，明天尚未到來，想那麼多幹嘛，過好此刻才最真實，否則，此刻即將消失的時光，要上哪裏找去？

小明從小是和外祖母一起生活的，在讀小學的時候，他的外祖母過世了。外祖母生前非常的疼愛他，小明因此無法排除自己的悲傷，每天茶不思飯不想，也沒有心思讀書，整天沉浸在痛苦之中。周圍的人都說他是個重感情的好孩子，他的父母卻很著急，因為，一天兩天的傷悲是正常，一週兩週的傷悲也可以理解，但大半年都過去了，他還是經常的哭泣，不肯好好吃飯和讀書，他的行為已經嚴重影響了他的正常生活。

雖然，他的爸爸媽媽很著急，卻不知道如何來安慰他。他的老師看到此情形，決定要和小明好好的聊聊，以便幫助他。

「你為什麼這麼傷心呢？」老師問他。

「因為外祖母永遠不會回來了。」他回答。

「那你還知道什麼事是永遠不會回來了嗎？」老師問。

「嗯，不知道。還有什麼事是永遠不會回來呢？」他答不上來，反問著。

「所有時間裏的事物，過去了就永遠不會回來了。就像你的昨天過去，它就永遠變成昨天，以後我們也無法再回到昨天彌補什麼了；就像爸爸以前也和你一樣小，如果在他這麼小的童年時不愉快的玩耍，不牢牢的打好基礎，就再也無法回去重新來一回了；就像今天的太陽即將落下去，如果我們錯過了今天的太陽，就再也找不回原來的了。」

小明真是一個聰明又懂事的孩子，他明白了老師所說的道理。從此之後，每天放學回家，在家裏的庭院裏看著太陽一寸一寸地沉到地平線以下，就知道一天真的過完了，雖然明天還會有新的太陽，但永遠不會有今天的太陽，他懂得不再為過去的事情而沉溺，而是好好學習和生活，把握住現在的每一個瞬間。他也順利從失去外祖母的痛苦裏走了出來，健康快樂的成長著。

是啊，每一天的太陽都是新鮮的，每一個剎那都是唯一的，過去了就無法再回頭，所以我們需要格外珍惜人生的每一個時刻。

人生是條單行道，過去了就永遠無法回頭，所以，請把握當下的每一寸光陰。眼前的每一刻，都要認真地活；每一件事，都要認真地做；每一個人，都要認真地對待，別讓自己徒留「為時已晚」的遺憾。逝者不可追，來者猶可待，最珍貴、最需要珍惜的即是當下。請你珍惜人生的每一天、每一刻、每一個瞬間，把你人生的每一秒過成永恆輝煌！

得不到的不一定是好的

你是不是會為那些你曾經得不到的事物遺憾、懊惱、惆悵？其實，得到或者得不到，是個很現實的結果，但這個結果，卻能直接影響人的心境和前進的腳步。現實中，經常會有一些人，想盡一切辦法，甚至不擇手段得到他們所愛的人或物，得手之後卻毫不珍惜將其棄之一旁，而那些讓他們絞盡腦汁想要得到的、所謂愛的人或物，只是他們滿足自己虛榮與私慾的工具，享受著那種佔有過程中的樂趣和得手後短暫的快樂。所以說，得到的不一定是好的，而得不到也不一定是不好的。

然而，人們往往卻容易為那些得不到的事物遺憾感傷，其實，那只是在追逐過程中，將你得不到的事物優點放大到極限，而忽視了其瑕疵。一旦你擁有之後，種種缺點和不足就暴露無疑，這時候，你就會發現那些得不到的事物遠遠沒有想像中的那麼完美，因而就會懊悔連連，或者百思不得其解，為何當初就那麼癡迷呢？譬如在逛街的時候，看中一樣東西，左看右看甚是喜歡，前思後想，激烈的內心抗爭之後，認為這一次絕對不會後悔，最後還是買回了家，但是拿回家之後卻不實用，只好將其束之高閣，成為永久的擺設。這就是生活中最明顯的例子。

那些認為得不到的都是最好的想法，只是出於一種人的心理慾望，在你得不到的時候，你可能會很嚮往，得不到就無法解開其神秘的面紗，若隱若現間總有一種朦朧的美讓人欲罷不能，腦海裏永遠都認為是最好的。但等到你真的得到了，你可能會發現你得到卻依然不是你想要的。

對於那些你得到的事物，你會有一種厭倦的感覺，其實並不是得不到的都是最好的，那只是人類的本性，人類的貪慾。喜歡一樣東西，處心積慮想要得到它，殫精竭慮，費盡心機，但是在追逐的過程中，已經失去了很多東西，無法計算。也許代價是沉重的，只是自己都未曾發現，也許「驀然回首，那人，卻在燈火欄柵處。」所有的這一切，只不過是人的慾望在作怪罷了。

所以，無論東西也好，人也罷，喜歡卻不能擁有，與其讓自己煩悶，倒不如放輕鬆地面對；努力了，嘗試了，也不能挽回其擦肩而過的遠去腳步，那就試著用平靜的心微笑的目送其遠離，因為他原本就不屬於你。

所以，對於那些你喜歡的東西，要學會欣賞它，珍惜它，使它更彌足珍貴；喜歡一個人，就要讓他快樂，讓他幸福。如果做不到，有時候也要學會放棄，不僅僅因為放棄的美麗，而是依然要面對當下的生活，無需為錯過的、未曾得到的扼腕嘆息或流連其中，因為手中總有值得我們呵護珍惜的，遠方總有值得我們追求的！

有個很有意思的現象，年輕時，我們常習慣說：「等到……的時候」，對未來抱著無限的夢想；到了年老，就變成說：「過去……的時候」，對過去無限懷念。總之，我們容易對自己沒有得到的東西充滿嚮往，認為只有那些我們得不到的東西才是最好的，卻不關注我們現在手中所擁有的。

要知道，最好的事物是握在你手中的現在，那些得不到的過往就讓它們隨風而逝吧。如果我們一味的沉浸在得不到的遺憾中，那麼我們就會繼續錯失今日的美好，就會有可能使今日本應得到的幸福再次沉淪為得不到的遺憾。因此，我們最應該學會的是珍惜，珍惜現在，珍惜手中所擁有的幸福。

就如屠格涅夫所說：「**幸福不在明天，也不在昨天，它不懷念過去，也不嚮往未來；它只**

在現在。」把握當下的幸福，才是真實的幸福，無限的憧憬明天，幸福永遠也靠近不了我們，在我們一門心思準備迎接將來某一天到來的時候，往往會忘記、忽視眼前的一切。

然而無論未來將怎麼樣，或者過去曾經怎麼樣，結果都是一樣—我們因為沒有關注當下而錯失了最真實的現在。不珍惜當下，只會錯失當下，而把每一個經歷著的現在變成留有遺憾的昨天，於是，得不到的遺憾又會重現。

十七世紀法國科學家兼思想家巴斯葛，他在《沉思者》一文中有一段話：「我們向來不曾把握現在；不是沉湎於過去，就是殷盼著未來；不是拚命設法抓住已經如風的往事，就是覺得時光的腳步太慢，拚命設法使未來早點到來。我們實在太傻，竟然流連於並不屬於我們的時光，而忽視唯一真正屬於我們的此刻。」

是的，那些得不到曾經的美好，都已經過去了，而那些得不到的未來則根本還未來臨。過去與未來並不存在，它們只是「曾經存在」或「可能存在」的狀態，都是處於現在狀態中的我們所得不到的。為什麼我們要糾結於那些我們得不到的事物，而不多把握一下現在的幸福呢？

所以，請學會享有我們現在所有的安樂、幸福，不要遺憾那些我們得不到的事物。

過去是記憶，未來是想像；失去的東西已經失去，得不到的東西也已經飄散，真正的、真實的快樂是現在。不必為那些失去的、得不到的東西而感傷，因為得不到的東西不一定是好的，而你得到的、你所擁有的才會構成你的幸福！

為擁有而驕傲，發現身邊幸福

人的眼睛似乎更願意關注那些我們得不到的事物，忽視自己所擁有的。自然的命令何其嚴重：夏天不由你不愛風，冬天不由你不愛日；自然的命令又何其滑稽：在夏天定要你讚頌冬天所詛咒的，在冬天定要你詛咒夏天所讚頌的！是啊，這樣的感覺幾乎人人都有。夏天，人們口中往往會懶洋洋的飄出這樣的話：「這麼毒的太陽曬死人了！來點風才涼快！」冬天，瑟瑟發抖的唇間常常顫出這般慨嘆：「這麼冷的風凍死人了！若有太陽出來會暖和些！」人類似乎總是缺乏發現身邊幸福的能力。

所以，我們才會看到，在大雨滂沱行人被困在室內時，人們埋怨大雨阻擋了他們的行程；而當雨後天晴，行人邊走邊讚頌空氣的清新、樹木的蒼翠、彩虹的豔麗，卻想不起這一切都是因為大雨的功勞。

所以，人們才會在少年時，盼望自己快快長大，能擁有父輩一樣的成熟與穩健；待真正成熟起來時，卻羡慕孩童們無拘無束的純真與快樂。人們總是處在這樣的矛盾之中，似乎自己擁有的永遠不是自己想要的，而那些我們得不到才是最美好的。

於是，我們的人生便陷於在無盡的煩惱中，似乎任何時候都不能遂心如意。這種煩惱便如夏天雨後的野草般瘋長，折磨我們的身心，白了髮，皺了顏，生命便與這些煩惱一起前行，生命不息，煩惱不止。我們自己也被這種煩惱弄得身心疲憊。

羡慕別人所擁有的幸福，卻無法發現自己身邊的幸福，在失去之後才能明白自己曾擁有的幸福是何等的寶貴。然後，當愛人離去的時候，我們才懂得什麼是愛情；當時光流逝，我們才懂得什麼是年輕；當親人離去的時候，我們才懂得什麼是親情，或許這就是我們生活的悲哀。

然而，失去的歲月，失去的感情卻永遠不會重來。所以，我們要學會珍惜自己的擁有，發現自己身邊的幸福。

因此，為你現在所擁有的感到自豪吧，因為這世間萬物之中，你能擁有其有形或無形之物，已經是一種緣、一種福分，又何必孜孜以貪呢？於是，我們可以心滿意足的盡情享受我們已經擁有的東西，如並不豐厚的金錢、並不顯達的地位，昨日的山窮水盡，今天的柳暗花明。

不屬於你的東西，不可強求，也就得之不喜，失之不悲，甚至得之竟悲，失之則喜了。可能你尋尋覓覓之後，才發現自己擁有的才是最適合自己，幸福其實就在你身邊。

英國民間流傳一個故事，叫《詹森的鞋子》，說英國有一種交換鞋子的風俗習慣：你往馬路上一站，擺出一種特定的姿勢，表示願意和別人換鞋子，別人願意的話，你得出點錢貼補對方。詹森那天就站在十字路口和別人換鞋，換了以後，覺得仍不舒服，於是繼續再換。錢一次一次貼了很多，直到傍晚時分才好不容易換到一雙鞋，穿在腳上很舒適。但回家一看，原來竟是自己穿出去的那一雙鞋。

是啊，多麼有趣又多麼富有哲理的故事啊！生活中，不少人常犯的一個錯誤就是很不在意自己已經擁有的東西，發現不到其存在的價值，把眼睛朝向外界，走不出「外來和尚會念經」的觀念。萌生自己要和別人換鞋的念頭，是認為自己的鞋不如別人的，沒有充分認識到自己擁有的東西價值。殊不知，適合自己的就是最好的，珍惜自己擁有的才是最聰明的。

所以，我們所擁有的是值得我們感到驕傲，只有在這樣的心態下，我們才能發現自己身邊的幸福。因為，幸福從某種意義上說，只是人們的一種感受，只有用一顆誠摯的心才能發現它的存在。

但幸福並不是虛幻的東西；相反，你可以看到它與我們生活中，許許多多實實在在的事物有著密切聯繫。流浪陌路饑餓難耐者，獲賜一捧粗食，無疑是一種幸福；在沙漠裏跋涉渴極幾近氣絕者，驀然發現一泓清泉，則又是另一種無比的幸福；平生景仰膜拜的人物，得以見上一面，握上一次手，照一次相，也是一種激動人心的幸福；常受老師的批評，這次得到老師的點名表揚，幸福之情會油然而生；而度過三災六難、七挫八折是一種極大的幸福。

所以，只有你用心的去感受，你身邊的點滴都可以帶給你幸福。我們常會埋怨命運不公，感嘆生活太累，其實那只是我們自己抽象的理解而已，往深處探尋，你就會發現那一捧粗食，一泓清泉……以及你身邊的一切事物都能讓你體會到幸福，但我們往往是身在福中不知福。

作為子女，我們時常嫌父母太嘮叨了，其實不然。或許大家都沒有思考過，如果哪一天你見不到你的親人，你的父母，聽不到他們的嘮叨，你是否會有一種失落感呢？有一個完整的家庭，能聽到父母的嘮叨，那是一種幸福。

學生時代，我們常常會感嘆學習壓力太重！我曾經也這麼認為。可是當我看到某報刊上的一幅漫畫時，我被震撼了。那是兩幅對比鮮明的圖畫，標題為：城市孩子與鄉村孩子。畫上一個放牛小孩叼著草，幻想著自己坐在教室裏聽老師講課的樣子，旁邊打著一行字：能讀書，真好！而相對的一幅，畫的是一個穿著校服的城市學生咬著筆，正在寫著作業，旁邊也打著一行字：鄉下人不用讀書，真好！鄉村孩子渴望讀書，而城市孩子卻身在福中不知福。原來，能在學校裏學習也是一種幸福。

其實，身邊的幸福有很多很多，不論是家庭裏的歡聲笑語，還是學習上的互相幫助，不論是事業上的成功，還是婚姻上的相知相解……

所以，不必懷念過去，也不要期待未來，更不要羨慕他人，只要珍惜你現在的擁有，懷有一顆感恩的心，你就能感受到你身邊的幸福。

珍惜現在的擁有，其實並非安於現狀自我陶醉，而是要有一份執著，對正的不諭追求，對邪的心靜不動。不要等到我們想牽孩子的小手時，卻發現他已經長大；不要等到我們想聞花香時，卻已是冰天雪地；不要等到想與青春共舞時，卻已白髮蒼蒼，那樣的人生充滿了悔恨的淚水。時光不會倒流，這樣只會給我們的人生留下深深的遺憾。

幸福很簡單，只要珍惜自己的擁有，為自己擁有的感到驕傲，你就能發現身邊的幸福，你就能把握住當下的時光，享受當下的幸福，留住現在的美好。

規劃時間，讓每一天都無比充實

每個人的時間都是有限的，人生最寶貴的兩項資產就是頭腦和時間。無論你做什麼事情，即使不用腦子，也要花費時間。然而，在這有限的時間裏，有些人能夠過得充實而快樂，有些人卻活的緊張而痛苦，區別就在於你是否懂得規劃時間，讓每一天都無比充實。

想想看，每個星期有一百六十八個小時，其中五十六個小時在睡眠中度過，二十一個小時在吃飯和休息中度過，剩下的九十一個小時則由你來決定做什麼—每天十三個小時。如何根據你的價值觀和目標管理時間，是一項重要的技巧。善於規劃時間，利用時間，你就能控制生活，堅定而不迷茫，讓時間成為你成功的工具。

但善不善於規劃時間，並不是單純的看某個人在工作時間內是不是忙個不停。有很多員工，從早忙到晚，不但在工作時間忙個不停，而且經常加班。表面上看，他好像很努力，很會利用時間，但事實上並非如此。很多從早到晚忙個不停的人，工作績效並不突出，有些還相當低，這是為什麼呢？就是因為他們每天都在「瞎忙」。有效的規劃時間絕對不是「瞎忙」，而是高效率的利用時間，使每一分、每一秒都產生最大的效益。善於規劃時間的人，在工作時間裏獲得的回報也是最大的。

任何公司都歡迎善於規劃時間的員工：他們永遠準時，從不忘記要辦的事情；總是能夠按事先計畫的步驟，如期甚至提前完成工作；事事都辦得很完美，總是輕鬆無比，每一天都過得很充實。他們並沒有超出常人的能力，他們只是懂得時間規劃的技巧與方法，並將規劃時間的能力運用到工作中罷了。

那些獲得成功的人往往都是規劃時間的高手，美國一大公司的董事長賴福林就是一個有效利用時間的高手。他每天清晨六點之前準時來到辦公室，先是默讀十五分鐘經營管理哲學的書籍，然後便全神貫注地思考本年度內必須完成的重要工作，以及所需採取的措施和必要的制度。接著開始考慮一週的工作，這是一項十分重要的工作。他把本週內所要做的事情一一列在白板上，之後就在去餐廳與秘書一起喝咖啡時，把這些考慮好的事情：小至員工的孩子入託，大到公司的大政方針和計畫，幾乎他認為重要的事情都一起商量一番，然後做出決定，由秘書具體操辦。賴福林的時間管理法，極大地提高了自己的工作效率，同時也提高了員工的工作效能，從而使企業整體績效得到了提升。

那怎樣才算善於規劃時間呢？會不會規劃時間，每一天能不能過的充實，關鍵在於會不會制定完善的、合理的工作計畫。簡單的說，工作計畫就是為自己制定一個工作時間表，某年某月某日要做什麼事；哪些事先做，哪些事後做，哪段時間內以哪些事為重點；安排哪些時間做什麼事等等。真正會利用時間的員工，不是把大量時間花費於忙亂的工作中，而是用在擬訂計畫中。能幹的員工，用很多時間去周密的考慮工作計畫，確定完成工作目標的手段和方法，預定出完成目標的進程及步驟。不但在年初這樣做，在動手做每件事時也要思考一番。大的目標有大的計畫，中等程度的工作有中等程度的計畫，小的工作則有小的計畫。總之，大事小事，都要事先周密考慮，一旦考慮出完整的計畫，執行起來就會很順利。表面看來，做計畫和考慮問題的時間佔用得多了，但實際上，從總耗用時間量來計算，卻節省了許多寶貴的時間，充分利用了每個單位的時間。每個單位時間得到了合理利用，整體時間的利用率自然就提高了。

我們都知道著名的八〇／二〇定律，這個定律告訴我們：應該用八〇％的時間做能帶來最高回報的事情，而用二〇％的時間做其他事情。把這個定律融入到工作生活當中，對最具價值的事情投入充分的時間，就可使自己避免陷入「瞎忙」的陷阱。「分清輕重緩急，設計優先順序」，這是規劃時間的精髓。有計畫的利用時間，關鍵是合理的安排最主要的事情和處理最關鍵的問題。這些事情和問題，只要安排的適時和得當，就會像機器的主軸帶動整個機器運轉那樣，促使其他的事情按時完成，這就形成了一個良性循環。

美國的管理學家唐納德・伯納姆在他的名著：《提高生產效率》中，提出了提高效率的三個原則，即當你處理任何工作時必須自問：能不能取消它？能不能與別的工作合併？能不能用簡便的東西代替它？這三個原則對我們規劃時間來說，應該是可以借鑒的。

如果想要學會合理的規劃時間，讓你的每一天都過的無比充實，下面這幾點做法你可以嘗試一下：

1、分清主次，有計畫的做事。對一天的工作，要先進行整理，看看哪些是既重要的又緊急的，哪些是重要而不緊急的，哪些不重要而緊急的，哪些既不重要也不緊急的，分清事情的主次，該先做哪件事，後做哪件事，做到有的放矢，從容不迫。

2、正確處理突如其來的雜事。對待突然插過來無關緊要的電話、突然出現在桌上的檔案等雜事小事，要敢於說「NO」，或者暫時放到一邊，別打亂了自己的工作思路和計畫。

3、用合併同類項的方法做事。在同一時間段裏，把幾件事情的發生地點都圈在同一區域內，盡可能搭順風車，也可以利用別人提供的順便機會，搭客戶A的車去見客戶B，少走彎路，減少無謂的時間消耗。

4、專事專辦。在做一些重要而棘手的事時，專門設立一個時間段，在這個時間段內，要避免打擾，更不能改變初衷去做別的事。

5、事情總要一件一件的做。先集中精力做好一件事，然後再去做下一件事，這樣才能保持頭腦清醒。

6、充分利用時間，使每一分鐘都有所收益，還要學會與浪費時間的人劃清界限，有些人總是整天無所事事，參與他們的無聊對談，就休想成為一名有效利用時間的高手。如果有人找來，希望和你聊上一陣，可以直截了當的拒絕他，讓他明白現在不是閒聊的時間。

那麼，從現在開始學會規劃你的時間，讓自己的每一天都過得很充實吧。要知道在這有限的生命裏，要想成就自己的人生和夢想，就必須學會合理的規劃時間。

果斷出擊，不要與機會失之交臂

在你的生活中，你是不是也碰到過這樣的人：他們很優秀，能力也很突出，只是他們生活得並不是很如意，也沒有做出與他們能力相稱的成績來。這是因為他們沒有遇到或者沒有抓住機會。因為機會是成功的催化劑，是人生步步登高的階梯。

其實，機會是到處都存在的，轟轟烈烈的工作中有機會，平平淡淡的生活中也有機會；順境中有機會，逆境中也有機會。幸運不會從天而降，事業成功是等不來的，而是要靠自己努力得來的。優秀的人不會守株待兔，而是尋找機會，創造機會，抓住機會，利用機會，讓自己的人生和事業獲得跳躍性的發展。而那些碌碌無為的人可能也很優秀，但在機會面前不敢果斷出擊，因此與機會失之交臂。

其實，機會會公平的出現在每一個人面前的，它沒有勢利眼，不存在厚此薄彼的問題。為什麼有些人常常抓不住機會呢？機會就像風一樣，有經驗的船夫善於抓住風、張開帆，順著風向，利用風力，使船隻一日千里；不會利用的人，只好在原地打轉。

善於抓住機會的人，在機會來臨時懂得果斷出擊。

弗萊明是藥理學家，一九二八年他在實驗室用試瓶培養了許多用作實驗的病菌。有一天，他發現其中一個試瓶因為不小心被不明物體侵入，死了一些培養在裏面的細菌。弗萊明仔細分析這現象，高興異常，終於從中研究出這一不明物體，它為什麼能殺死細菌，因而發明了拯救無數病人的抗生素。

這個故事有什麼意義呢？第一，弗萊明是幸運兒，因為這個結果不是他操縱的或者是預期的，完全是一種偶然的機會。第二，如果不是弗萊明，換了別人，就看不出試瓶裏細菌死了的變化，不懂其含義，也就把握不住這一千載難逢的機會。第三，如果弗萊明腦子簡單，他也許就會把那個試瓶丟掉，換一個新的。幸虧他敏感，沒有丟掉，這才抓住了這一機會。這就告訴我們，抓住機會，要靠敏感的觀察力，還要有敏捷的出擊力，否則，就會失之交臂。

其實，在生活中有很多這樣在機會面前不敢主動出擊，因此與機會失之交臂的事情。

你在生活中是不是也曾這樣呢？有些朋友，我們以為有很多機會相見，所以總找藉口推拖一些見面機會，但想見的時候卻已經沒了機會；有些話，本來有很多機會說的，卻總想著以後再說，但要說的時候已經沒機會了；有些事，本來有很多機會做的，卻一天一天推遲，但想做的時候卻發現沒機會了；有些情，溫暖了你很多年，你一直想報答，卻總是難以開始，等想報答的時候，它已經消失了。然而，在我們的生命中，很多機會都只有一次，失去了它，你便失去了一種生活；得到它，你的命運或許就在機會中得到改變。

有一則很有意思的故事也說明了這個問題。有一個年輕人非常想娶農夫漂亮的女兒為妻，於是，他來到農夫家裏求婚。

農夫打量了他一番，說道：「我們到牧場去，我會連續放出三頭公牛，如果你能抓住任何一頭公牛的尾巴，你就可以迎娶我的女兒。」於是，他們來到了牧場。

年輕人站在那裏焦急的等待著農夫放出的第一頭公牛。不一會兒，柵欄的門被打開了，一頭公牛向年輕人直衝過來。

這是他所見過最大而且最強悍的公牛了。他心想，下一頭應該比這一頭好抓一點吧。於是，他跑到一邊，讓這頭公牛穿過牧場，跑向柵欄的後門。

柵欄的大門再次打開，第二頭公牛衝了出來。

然而，這頭公牛不但體形龐大，而且異常兇猛。牠站在那裏，蹄子刨著地，嗓子裏發出「咕嚕咕嚕」的怒吼聲。「天啊！這真是太可怕了。無論下一頭公牛是什麼樣的，總會比這頭好吧！」他心想。於是，他連忙躲到欄杆的後面，讓這頭兇猛的公牛穿過牧場，跑向柵欄的後門。

沒過多久，柵欄的門第三次打開了。

當年輕人看到這頭公牛的時候，臉上綻放出了笑容。因為這頭公牛不但體形矮小，而且非常的瘦弱，這正是他想要抓的那頭公牛！當這頭公牛向他跑來的時候，他看準時機，迅速一躍，正要抓住牛尾巴的時候，他卻發現一個可怕的事實—這頭公牛竟然沒有尾巴！

一個多麼滑稽的結果！

當然了，這個年輕人最後沒能娶到農夫漂亮的女兒為妻。他曾經擁有機會，但機會稍縱即逝，在機會面前，他沒有及時出擊，所以就只能與機會失之交臂了。

這就是機會，它對每個人都是平等的，且稍縱即逝。與其放掉它再去後悔，不如果斷出擊，在開始的時候就牢牢的抓住它。

遠離內心嫉妒，才能讓自己更強大

嫉妒是人的一種天性，也是人的劣根性表現。嫉妒是讓人變得狹隘的腐蝕劑，嫉妒是讓人變得殘暴的催化劑；嫉妒是一個人走向成功的一大障礙，所以我們應該遠離嫉妒。

嫉妒從本質上是缺乏才智的表現，嫉妒別人的才華，正好證明了自己的無能；嫉妒他人的容貌，恰好是對自己容貌的否定。嫉妒者企圖用嫉妒來保住可憐的自尊，殊不知那就如水中月、鏡中花，中看不中用，到頭來也只能是自欺欺人。嫉妒者往往是心虛且沒有自信的人，不能從正面角度思考問題，最後只能是讓他人和自己都陷入痛苦之中。

嫉妒對人心靈的傷害很大，可以稱得上是心靈上的惡性腫瘤。嫉妒的心承受著雙重痛苦：一方面，為自己的失敗或不幸而感到痛苦；另一方面，為別人的成功或者幸福而感到痛苦。特別是對於良心未泯的人，理智上知道不該忌恨別人，情感上又甩不掉嫉妒的螞蟥，更是被良心的痛苦纏繞著，背著自咎、自責的沉重包袱。如果一個人缺乏正確的競爭心理，只關注別人的成績，嫉妒別人的成就，內心產生嚴重的怨恨，時間一久，心中壓抑聚集，就會形成病態心理，對健康也就造成了極大的危害。沒有了健康的身體，嫉妒者離成功只能是越來越遠。

手握重權的人，對他人的嫉妒還會讓他演變成殘暴的人。歷史上因嫉妒而殺人並不是什麼天方夜譚，三國時期的楊修就是中國古代歷史上，因被嫉妒而招來殺身之禍的典型事例。凡是讀過《三國演義》的人，都知道楊修其人。楊修乃曹操手下一名高級謀士，他上知天文，下通地理，才高八斗，博學多才，通古知今，才思敏捷，聰穎過人，能說善道，是魏國一個不可多得的人才。但楊修卻英年早逝，死於丞相曹操的刀下。不為別的，只因他不諳為官之道，鋒芒畢露，聰明反被聰明誤，幾次三番猜中曹操的計謀，使曹操心中不快，被曹操心中所不容，曹操借「雞肋」事件，以動搖軍心為藉口將其誅殺。這就是一起典型的，因嫉妒而殘暴殺人的事例。

無論是因嫉妒而傷害了自己的身體還是因嫉妒而殘暴，這些嫉妒他人的人都很難成功。所以說，嫉妒是走向成功的一大障礙。每個人都不是生活在真空，而是生活在現實社會中，每個人都是社會的一分子，社會是一個整體，它是由若干個團體組成的社會整體。任何人離開了團隊，離開了社會，都將會一事無成。任何人的成功都離不開別人的支持和幫助，離不開團隊和社會的認可。一個好漢三個幫，一個籬笆三個樁，說的就是這個道理。從古至今，沒有哪個人是靠單打獨鬥闖出天下的。任何一個經常嫉妒別人，極端自私，搬弄是非，卑鄙的小人，都不可能被團隊和社會整體所接受，最終都會被團隊和社會無情的拋棄。正因為這個道理，因此我們說寬容大度是成功必備的品質。那些只知道嫉妒他人，不知道從自身尋找原因，讓自己變強的人，一生都成不了大事。想想看，如果李斯特嫉妒蕭邦的才華，恐怕他只會成為一個被眾人嘲笑的小丑，而不是一個德藝雙馨的藝術家。所以，只有遠離嫉妒，才能讓自己變得更強。

波普爾曾經說過：「對心胸卑鄙的人來說，他是嫉妒的奴隸；對有學問、有度量的人來說，嫉妒可化為競爭心。」

是啊，良性的嫉妒能成為你前進的動力，堅信別人的優秀並不會妨礙自己的前進，相反，卻給自己提供了一個競爭對手，一個比學趕超的榜樣，這樣，在今後的奮鬥歷程中你將會迸發出前所未有的力量。有了這樣的力量支持，你就能堅持不懈的努力，那成功離你還會遠嗎？

因此，我們應該遠離惡性嫉妒，守護良性嫉妒，讓自己變的更強。雖然有時面對生活和事業上的巨大落差，或社會的種種不公平現象，人們都難免會有一時心理失衡和嫉妒。這時，要是實在無法化解的話，也是可以適當地宣洩一下。可以找一個較知心的親朋好友，痛痛快快的說個夠，出氣解恨，暫求心理的平衡，然後由親朋好友適時的進行一番開導。發洩完以後，你可能就會覺得好過許多，再重新出發時，你可能又會充滿了力量。

當然，上述方式只能一時緩解嫉妒的情緒，要想最終解決嫉妒心理，還需要靠自己樹立正確的心態，在其他方面做出調整。首先需要正確評價競爭，正確評價他人的成績。

現代社會是一個競爭社會，競爭無處不在。當看到別人在某些方面超過自己的時候，不要盯著別人的成績怨恨，其實，一個人的成功是因為付出了許多艱辛和巨大的代價。更不要企圖把別人拉下馬，別人取得了成績，不是對你的否定，別人得到了讚美和榮譽，並沒有損害你，也沒有妨礙你去獲取成功。而應採取正當的策略和手段，在「做」字上下工夫，努力奮鬥，從而讓自己變得更強！

另外，我們還需要客觀的評價自己，正確的評價成功。當嫉妒心理萌發時，或是有一定表現時，要能夠積極主動地調整自己的意識和行動，從而控制自己的動機和感情。這就需要冷靜的分析自己的想法和行為，同時客觀的評價一下自己，找出問題。當認清了自己以後，再重新來看別人，自然也就能夠有所覺悟了。這樣就能在別人取得優秀成績時肯定別人的成績，並且虛心向對方學習，迎頭趕上，用靠自己努力得來的成功為榮，這樣你就能一步步變強。所以說，我們應該正確的看待他人的成功，正確的對待自己，遠離內心嫉妒，努力奮進，讓自己變得更強！

日清日高，別把任務留到明天

「日事日畢，日清日高」這個是中國大陸海爾公司的口號。在海爾的品質管制過程中，「海爾」採取了日清管理法，其核心就是全面地對每人、每天所做的每件事進行控制和清理－「日事日畢，日清日高。」今天的工作今天必須完成，今天完成的事情必須比昨天有品質的提高，明天的目標必須比今天更高才行。海爾也正是實行了「日事日畢，日清日高」的品質管制制度，所以今日的海爾才能取得巨大成功。

其實，「日事日畢，日清日高」不僅對於企業管理很重要，對於我們每個人來說也是非常重要的，「日事日畢，日清日高」是自我管理的黃金法則，它實際上有兩層意思：一是今日事今日畢，二是每天進步一點點。

今日事今日畢，是一個邏輯性思考過程。它要求我們在工作時講求計畫性、條理性，既要有長期計畫又要有短期計畫，學期的、每週的、每天的、甚至每時的都要有計畫。計畫的制定要講究實效，不能停留在書面上束之高閣，或表現在口頭上高談闊論。

這是個競爭激烈的年代，時間代表著效率。於是，我們從小就接受「今日事今日畢」的教育。然而許多人還是喜歡把今天的事情推遲到明天去做，他們從不計畫安排工作和時間，結果導致他們最終碌碌無為。

你是不是也是這樣呢？總把希望放在明天，對未來有若干計畫，而不是今天就開始。如果是這樣，我們都屬於不明白生活真諦的人。

其實我們的生命是很脆弱的！早上醒來時，原本預期過一個快樂充實或平靜安寧的日子，但會被沒想到的意外事件給破壞，如交通事故、地震災害、腦溢血、心臟病等等，剎那間顛覆了生命的巨輪，我們突然闖進一片黑暗之中，再也看不到未來，甚至再也沒有明天可以去做計畫中的事。

所以請記住：今日事今日做吧，因為你無法預知明天又會有什麼樣的干擾。抓住今天，珍惜你現在擁有的每一分鐘，盡可能少依賴明天，養成日清日高的習慣吧。

習慣的養成是一件日積月累的事情，猶如紡紗，一開始只是一條細細的絲線，隨著我們不斷地重複相同的行為，就好像在原來那條絲線上不斷纏上一條又一條絲線，最後它便成了一條粗繩，把我們的思想和行為給纏得死死的。習慣對人的影響太大了，好習慣是開啟成功的鑰匙，壞習慣則是一扇通向失敗的大門，性格其實就是一堆習慣，是若干習慣的組合體。成功是因為養成好的習慣，一旦你養成了成功者身上的所有好習慣，你會發現，你不成功也很難，因為習慣成自然。雖然養成好習慣的過程充滿著痛苦和煎熬，但只要你跨過那道門檻，你就能昇華到一個更高的層次。

但如果你養成了拖延的習慣，那就會損害及減低你做事的努力，因此你首先要養成今日事今日畢的習慣，否則可能無法做大事，也不太可能成功。所以應該經常抱著「必須把握今日去做完它，一點也不可懶惰」的想法去努力才行。歌德說：「把握住現在的瞬間，把你想要完成的事物或理想，從現在開始做起。只有勇敢的人身上才會賦有天才、能力和魅力。因此，只要做下去就好，在做的歷程當中，你的心態就會越來越成熟。能夠有開始的話，那麼，不久之後你的工作就可以順利完成了。」

是的，任何事情都要從現在開始做，而不能拖到明天才開始。雖然只是相隔一天的時光，但即使是一天的光陰也不可白白浪費。曾有一位員工在年尾受到老闆忠告說：「希望明年開始，你能好好認真地做下去。」可是那位員工卻回答說：「不！我要從今天開始就好好地認真工作。」雖然告訴你明年，其實就是要你現在開始的意思。不從今天而從明天才開始，好像也不錯，但比較起來還是要有「就從今天開始」的精神才是最好的。

其實，凡事都留待明天處理的態度就是拖延，這不但是阻礙進步的惡習，也會加深生活的壓力。對某些人而言，拖延是一種心病，它使人生充滿了挫折、不滿與失落感。

那些喜歡拖延的人總能給自己找各種理由，好讓自己的心理得到一定的安慰。他們的藉口也五花八門：工作太無聊、太辛苦、工作環境不好、老闆腦筋有問題、完成期限太緊等等。總之，他們就是缺乏從現在開始的決心和毅力。所以，從現在起就下定決心，洗心革面。拿支筆來，將底下對你最有用的建議畫條線，並且把這些建議寫到另一張紙上，再將它放在你觸目可及的地方，如此可有助你完成改革行動。

1、列出你立即可做的事。從最簡單、用很少時間就可完成的事開始。

2、持續五分鐘的熱度。要求自己針對已經拖延的事項不間斷地做五分鐘，把鬧鐘設定每五分鐘響一次；然後，著手利用這五分鐘；時間到時，停下來休息一下，這時可以做個深呼吸，喝杯咖啡，之後欣賞一下自己這五分鐘的成績。接下來重複這個過程，直到你不需要鬧鐘為止。

3、運用切香腸的技巧。所謂切香腸的技巧，就是不要一次吃完整條香腸，最好是把它切成小片，一口一口的慢慢品嚐。同樣的道理也可以適用在你的工作上：先把工作分成幾個小部分，分別詳列在紙上，然後把每一部分再細分為幾個步驟，使得每一個步驟都可在一個工作日之內完成。每次開始一個新的步驟時，不到完成絕不離開工作區域。如果一定要中斷的話，最好是在工作告一個段落時，使得工作容易銜接。不論你是完成一個步驟，或暫時中斷工作，記住要對已完成的工作給自己一些獎勵。

4、把工作的情況告訴別人。讓關心這份工作的人知道你的進度和預定完成的期限。注意「預定」這個詞彙，你要避免用類似「打算」、「希望」或「應該」等字眼來說明你的進度。因為這字眼表示，就算你失敗了也不要別人為你沮喪。告訴別人的同時，除了會讓你更能感受到期限的壓力外，還能讓你有聽聽別人看法的機會。

5、在行事曆上記下所有的工作日期。把開始日，預定完成日期，還有其間各階段的完成期限記下來。不要忘了切香腸的原則：分成小步驟來完成。一方面能減輕壓力，另一方面還能保留推動你前進的適當壓力。

6、保持清醒。你以為閒著沒事會很輕鬆嗎？其實，這是相當累人的一種折磨。不論他們每天多麼努力的決定重新開始，也不管他們用多少方法來逃避責任，該做的事，還是得做，壓力不會無故消失。事實上，隨著完成期限的迫近，壓力反而會與日俱增。所以，你千萬不要拖拉，把今天的事留到明天去做，那樣只會讓你有更大的壓力。

生命中總有很多東西等待我們去學習和實踐，但我們常常對自己說：明天我就開始運動，保持一個好的身材和身體；下週我要找個時間出去散散心，擺脫現在的困頓狀態；退休後，我要開始學習畫畫和舞蹈，彌補我現在無法做到的生活……但在明日復明日的蹉跎中，我們依然一事無成。

生命中有很多美好的事務都是短暫易逝的，需要我們此刻去享受它們、品嘗它們。生命中也有很多事物等待我們去體驗，如果每次都要等到明天才開始行動，我們不知道失去了多少可能的幸福。所以，不要再為自己找藉口蹉跎歲月了，從現在開始，日清日高，不把任務留到明天。

第三章　正視逆境，笑嘗人生的苦辣

月有陰晴圓缺，人有旦夕禍福，生活永遠不會一帆風順，困難和挫折是我們人生的組成部分；既然逆境難以避免，我們何不坦然接受它？

當我們面對逆境時，我們不能輕言放棄，更不能恐懼。我們一定要樂觀，堅信：「逆境總是暫時的，風雨之後一定有彩虹。」其實，**這個世界就像一面鏡子，你怎麼對它，它就會怎樣對你，你以樂觀的心態去對待一切，你就會體驗到越來越多的幸福；如果你以悲觀的心態去對待你周圍的一切人和事，迎接你的只會是失望。**

也許，面對昨天我們有太多的遺憾，面對未來我們也有著美好的憧憬，而面對現在，我們只能抬起頭勇敢的去面對，只有這樣才能活得更加的精彩，才不會覺得生活單調乏味。

所以，無論你周遭的事情是怎麼樣的不順利，你都應該正視逆境，努力去支配你的環境，讓自己從不幸中振作起來。你迎向黑暗，面對光明，這樣陰影自會留在你身後！

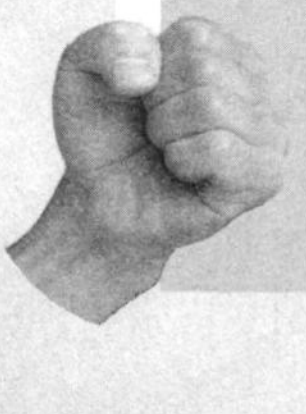

挫折讓生活更加精彩

生活永遠不可能是一條直線，有時難免會遭遇坑坑洞洞、曲曲折折，有時上、有時下。多一條彎路，我們就會多一份生活的體會，就會多出一份人生的智慧。挫折其實也是一種不可或缺的人生體驗。

生活就像一道大餐，充滿酸甜苦辣各種味道，在生活這道大餐裏，挫折也是不能缺少的菜餚；缺少挫折的人生也是不完美的，因為挫折也是一筆財富。

美國著名女主持人薩維奇一生屈折的經歷，正是向人們展示了這樣一個道理。人們看到了她的節目獲得了金像獎，看到了她採訪總統時的鎮定自若，就以為她是靠天資和亮麗的外表取勝的。但你細看她的經歷，你就會明白，她的一生充滿著挫折，但也正是那些挫折讓她的生活更精彩。

薩維奇的成功是靠著她在挫折中累積起的經驗為指引的，當初加入電視台時，只是在辦公室裏做一些端茶倒水的瑣事，但她從不埋怨，只是默默學習，冷靜的觀察。用她自己的話說：「如果必須去做艱難的事情，我會衝上前去，因為我不能夠後退。我也曾經灰心喪志過，但每當我有所懈怠時，我就會對自己說：我沒有別的選擇，必須靠自己繼續努力。如果我退縮的話，我就無路可走，既然選擇了這一行，就得幹到底，我不能回家對家人說：照顧、照顧我吧，也不能去找丈夫說：幫幫我的忙吧，所以只有堅持下去。」薩維奇在一次次的挫折中，百折不撓，面對困境。那些曾經的挫折成為了她人生豐富的經歷。有了那些豐富的人生體驗，在她今後的主持和採訪中，她就能鎮定自若，笑談風雲。

從薩維奇的經歷中，我們知道挫折可以成為一種經歷，一筆財富，挫折其實還可能會成為你前進的動力。

美國國會議員謝里丹剛剛進入國會時，做了第一次演講，著名記者伍德弗爾就對他下了這樣一個斷語：「請原諒我坦率說出自己的看法，我覺得您不適合演講，並奉勸您還是回去做您原來的職業。」「不」，謝里丹手托著下巴，沉思片刻說：「我覺得我合適，以後你會看到的。」後來，謝里丹不斷學習演講技巧，糾正自己的錯誤，終於使自己成為了一名極富感染力的政治家。

正是謝里丹在國會的第一次演講遭遇了挫折，才使他奮發圖強，成為一名成功的政治家。美國的玉米粉大王斯泰雷的故事同樣說明了挫折能使人奮進。

斯泰雷十六歲的時候，還只是一家公司的售貨員，雖然地位和薪水都很低，工作強度也很重，但他心中有一個不滅的願望，那就是要成為一個非凡的人。一天，他被經理狠狠地訓斥了一頓：「老實說，你這種人根本不配做生意，你空有一身力氣，但沒有腦筋，我勸你還是到鋼鐵廠當工人去！」

一向小心謹慎、積極主動的他，自尊心被深深地傷害了，他當下答道：「經理先生，你當然有權力將我辭退，但你無法消磨我的意志。你說我沒有用，這是你的權利，但這不會減損我的能力，請看吧，有一天我要開一家比你大十倍的公司。」果然，幾年以後，他創造了驚人的成就，成為了譽滿全美的玉米粉大王。

是的，挫折是人生的一場寶貴經歷，「人間四月芳菲盡，山寺桃花始盛開。長恨春歸無覓處，不知轉入此中來。」這是唐代詩人白居易在遊歷廬山大林寺時留下的一首醉人神魂、膾炙人口的詩句。如果沒有到過廬山或不瞭解廬山獨特的自然氣候，懷疑是不是詩人描述錯了，為什麼人間的桃花以凋謝，山寺中的才盛開？你只有經歷過，瞭解後，才會被詩人所折服，被詩意所陶醉。所以說，挫折也是我們必不可少的一種經歷，只有經歷了挫折，你對人生才能有更深的感悟，你的世界才會更加精彩。

是啊，經歷就是一筆財富，這筆財富是別人給不了的，也是其他人模仿不來的，更是固守在一個小天地裏得不到的。而人生是由無數次經歷的累積而逐步走向成熟的，只有不斷經歷，不斷嘗試，才能不斷成熟，不斷完善。單一意味著平庸和淺薄，多一份經歷就會多一次磨練，多一次累積經驗的機會。一次經歷就是一份財富，讓你受益終生。

所以，我們不必害怕挫折，因為挫折也是一種無法替代的經歷，挫折能讓你的世界更精彩。但是面對挫折這段經歷時，我們需要有正確的態度來看待它，只有用正確的態度對待它，挫折才能變成人生值得珍藏的經歷。

美國著名成功學專家卡耐基說：「漫漫人生當中，我們可能會遭遇一些不如意的事情，也許，每件事情都沒有最差的情況，就看我們怎麼去對待。這個世界總會有陰暗面，一縷陽光從天空照下來的時候，總有照不到的地方。如果我們的眼睛只盯在黑暗處，抱怨世界的黑暗，那麼，我們將只會得到黑暗。」

所以，面對挫折，我們應該積極樂觀，正視挫折，在挫折中體會人生真諦，讓挫折成為人生的一筆寶貴財富。

嘗盡人間苦難，才能體會生命的真諦

我們希望我們的人生永遠沒有苦難，永遠只有歡聲笑語，只是那樣的生活永遠只能是我們的想像，我們的一生總是要經歷許多不順的事情。

假如這世間沒有苦難、沒有疾病的侵擾、沒有苦痛的折磨、沒有欺詐的戕害，我們每個人從一出生起，就可以盡情享受生活的快樂，平安舒適度過一生，然後帶著安靜祥和的微笑走進天國，那該有多好！

但人類千百年的發展用實例告訴我們，這種烏托邦式的想法只是一種遙不可及的美夢，即便誰有呼風喚雨、扭轉乾坤的神力，也不可能讓人生一帆風順、盡善盡美。「假如人生沒有苦難」這本身就是個偽命題，因為我們的人生不可能沒有困難相隨。

人的一生不如意之事十有八九，人生永遠沒有坦途，每個人都不可避免要經歷一些的苦難。命運常常是在捉弄人，有時候，我們的生活似乎陷入了一種怪圈，我們不得不反覆品嘗一個又一個苦難，雖然也希冀嘗到戰勝苦難後的幸福，然而品味苦難的過程卻是一種實實在在的煎熬，甚至根本看不到盡頭和希望。然而困難帶給我們的並不只是挫折和壓抑，苦難也能讓我們體會到生命的真諦。

人在年少時經歷的苦難可以磨礪其性情，培養其堅強的人格，為其日後的成功打下堅實的基礎。南非前總統曼德拉，年輕時因反對種族隔離制度被捕入獄，白人統治者把他關在荒涼的小島上整整二十七年，三名看守人員總是尋找藉口欺侮他。一九九一年曼德拉出獄並當選南非總統，當年在監獄看管他的三名看守人員也應邀參加他的就職典禮，曼德拉還恭敬地向他們致敬，如此博大的胸襟讓所有到場的各國政要和貴賓肅然起敬。後來，曼德拉解釋說，他年輕時性子很急，脾氣暴躁，正是漫長牢獄歲月的悲慘遭遇給了他思考的時間，讓他學會了控制自己的情緒，學會了如何處理自己的痛苦。磨難使他清醒，使他克服了個性的弱點，也成就了他最後的輝煌。是啊，這種磨礪是久處順境的人無法體會到的。

在自然界有這樣一種現象，那就是樹木受過傷的部位，往往變得最硬。其實，人的成長也一樣，經歷逆境的傷痛和苦難之後，能磨礪出優良的個性。立志成才的青年如果能經歷一段逆境的磨難為自己的人生「墊底」，那麼以後不管遇到什麼意外和困苦之境遇，都能應對和承受。「不經劫難磨練的超脫是輕佻的。」這句話至為深刻。苦難的重要價值，就是使人學會駕馭自己的個性，適度地張揚自己的個性，而不淪為個性的奴隸，並消除個性中的不良傾向，從而成為一個有用之才。這種在苦難中成長的人，更能體會成功的含義。

斯蒂芬・霍金二十多歲就癱瘓，後來連話都說不成，但他創立了宇宙大爆炸理論。貝弗里奇說：「人類最出色的工作，往往是在逆境的情況下做出；心靈上的壓力，甚至肉體上的痛苦，都可能成為精神上的興奮劑。」人們把這種現象總結為：因禍得以成功，因福歸於平庸。

這是因為，困難讓你更加懂得生命的意義和時間的寶貴，因此你才能在苦難中奮起直追。

所以，苦難其實也是一筆財富，在嘗盡人生苦難之後方能體會生命的真諦，你才沒有枉費來這世間走一遭。因此，我們應該正確的對待那些苦難。

馬克・吐溫說：「十九世紀出現了兩個了不起的人物，一個是拿破崙，一個是海倫・凱勒。」其中以海倫・凱勒讓後人更為敬仰，海倫・凱勒她在一歲半的時候突患急性腦充血病，連日的高燒使她昏迷不醒。當她醒來後，眼睛被燒瞎了，耳朵燒聾了，小嘴也說不出話來，成了一位集聾、啞、盲三位一體的特殊兒童，而對這樣的兒童要進行教育是特別困難的。但海倫依靠自身堅強的毅力學習盲文，靠手的觸摸來體驗文字的含義和別人說話的意思。她在聾人學校學習了數學、自然、法語、德語，能夠用法語和德語閱讀小說。考大學時英文和德文還得了優等成績。一九〇四年，海倫以優異的成績從大學畢業，然後把自己的一生獻給了盲人福利和教育事業。她先後寫了十四本著作，而《我生活的故事》、《走出黑暗》、《樂觀》等著作，在世界都產生了影響。海倫所面臨的是常人所無法想像的困境，但她勇於面對現實，敢於拚搏，因而譜寫了一曲激盪人心的生命之歌，贏得了世界輿論的讚揚，聯合國還曾為她發起「海倫．凱勒」世界運動。海倫面對逆境不自卑，在挫折面前不低頭，成為了生活的強者。海倫．凱勒在苦難中體會到了生命的真諦，讓苦難成為她人生的一筆財富。

最後，我想引用邱吉爾的一句話讓你我共勉：「**苦難是財富還是屈辱？當你戰勝了苦難時，它就是你的財富；可是當苦難戰勝了你時，它就是你的屈辱。**」

樂觀是逆境中最大的轉機

在人生的海洋中，驚濤駭浪是無法避免的，就如挫折是生活的組成部分，每一個人都會遇到。自然、社會上的萬事萬物，無一不是在曲折中前進的。順利、直線發展的事情幾乎是沒有的。面對逆境，只要你保持樂觀，你就能在逆境中實現大逆轉，正所謂：「寶劍鋒從磨礪出，梅花香自苦寒來」。

《鋼鐵是怎樣煉成的》此書鼓舞了無數的人，而這本書的作者—保爾柯察金是一位在戰鬥中雙目失明，雙腿殘廢的殘疾人，長年躺在那張冰冷的床上。保爾柯察金很愛他的國家，一心想為國家做出貢獻，即便他不能重新回到戰場上，他依然沒有放棄。他把從前在戰場上的行動都化作了文字，用文字給戰場上的昔日夥伴提供精神的力量。最後，用血汗鑄就了驚世巨作—《鋼鐵是怎樣煉成的》。保爾柯察金在困難面前沒有低頭，在逆境中沒有沮喪，用他的樂觀在逆境中實現了逆轉。最終，為他的國家，為全人類做出了突出貢獻。

在逆境中保持樂觀，最終收穫成功的還有著名的音樂家貝多芬。在貝多芬剛被人們認同的時候，耳朵卻聾了。對於一個音樂家來說，這是何等的一個重大挫折？聽不到聲音，意味著不能彈琴，聽不到聲音，意味著不能夠作曲。然而，貝多芬卻沒有被這「常理」所屈服，而是堅強樂觀地繼續在音樂上努力。每天都要用一根木棒，利用骨傳導的方法來聽音樂，辛苦地譜寫著他的曲子，也譜寫著他奇妙的人生。因為貝多芬的樂觀，他沒有被挫折所擊倒，因為他的樂觀與努力，他取得了成功，受到了後人的敬仰。因為他的樂觀，我們才能有幸聽到那麼好聽的音樂。

用微笑面對逆境，不僅能夠將困境解開。而且，在逆境面前樂觀開朗，也能為生活尋找到另一種樂趣，保持對生活的信心。

在逆境中保持樂觀，對我們每個人來說，都是非常重要。如果不樂觀，保爾柯察金就不能寫出驚世巨作；如果不樂觀，我們就會在生活漩渦中無法自拔。英國作家薩克雷有句名言：「**生活是一面鏡子，你對它笑，它就對你笑；你對它哭，它也對你哭。**」如果我們以愉悅的態度微笑著對待生活，生活就會對我們「笑」，我們就會感受到生活的溫暖和愉快。而我們如果總是以一種痛苦的、悲哀的情緒注視生活，那麼生活在我們心中也就會變得灰暗了。

所以，在逆境中你需要保持一顆樂觀的心，堅信風雨過後會有彩虹。我們不必要為那暴風雨感到害怕、絕望，要知道，在這過後，風會為你吹開黑暗，呈現出絢麗的彩虹。逆境中的樂觀就是那道為你吹散黑暗，呈現雨後彩虹的風。

威廉・科貝特是英國一名出色的政治家，《政治紀事報》的創刊人，但他有整整八年時間，都是在家裏跟著黃牛犁地，但年輕的心靈厭倦了這種沉悶單調的生活，他總想到外面更廣闊的天地去闖蕩一番。後來，他一個人跑到了紐約，做了九個月抄寫法院檔案的工作，然後應徵入伍，參加了一個步兵團。在他第一年的軍旅生涯中，他成了查塔姆一個流動圖書館的常客，他如饑似渴地閱讀能找到的每一本書。

威廉・科貝特對他當年如何學習英語文法的回憶，對所有身處逆境中的人們來說，有著極大的教益作用。他這樣說：「當我還只是一個每天薪俸僅為六便士的士兵時，我就開始學文法了，專門為軍人提供的臨時床鋪邊上成了我學習的地方。在將近一年的時間裏，我沒有為學習而買過任何專門的工具。我沒有錢來買蠟燭或者是燈油，在寒風凜冽的冬夜，藉著火堆的亮光看書的機會，也只有在輪到我值勤時才能得到。為了買一支鉛筆或者是一遝紙，我不得不節衣縮食，從牙縫裏擠出錢，所以我經常處於半饑餓的狀態。」

「我沒有任何可以自由支配，用來安靜學習的時間，我不得不在室友和戰友的高談闊論、粗魯的玩笑、尖銳的口哨聲、大聲的叫罵等等各式各樣的喧囂聲中，努力定下心來讀書寫字。」為了一支筆、一瓶墨水或幾張紙我要付出相當大的代價。每次揣在我手裏用來買筆、買墨水或買紙的那枚小銅幣似乎都有千鈞之重。要知道，在我當時看來，那可是一筆大數目啊！除了食宿免費之外，我們每個人每週還可以得到兩個便士的零用錢。

他說：「如果說我在這樣貧苦的現實中尚且能夠征服逆境、出人頭地的話，那麼在這世界上還有哪個年輕人可以為自己的庸庸碌碌、無所作為找到開脫的藉口呢？」

即使是在那樣貧困窘迫的環境下，科貝特還是坦然樂觀地面對生活，正視逆境，在逆境中臥薪嘗膽、積蓄力量，堅持不懈地追求著卓越和成功。這種精神很讓我們感動，更值得我們學習。

所以說，樂觀的態度能為你帶來成功。在逆境中，請不要放棄，因為樂觀會為你尋求到新的樂趣；在逆境中請不要畏懼，因為樂觀能為你取得勝利。當我們遇到逆境、遇到挫折時，請保持你的樂觀。

巴爾紮克曾經說過：「苦難對於天才是一塊墊腳石，但對於弱者是一個萬丈深淵。只有認真地看待逆境，才能正確地面對它，透過不懈的努力，最終取得成功。」也就是說，當你能夠樂觀地度過人生最艱難的時刻，你會發現無限美景在前面。其實面帶笑容走過苦難，堅持到底，不管成功與否，你都會發現自己是一個真正的成功者。何況，生活從來不會虧待那些樂觀者。

也許，你現在正在遭遇挫折，也許你現在生活的並不順利，但無論你的生活中遭遇了哪些不幸與挫折，我們都應及時地調整自己的心態，微笑著面對生活。正確對待挫折和失敗，並從中總結經驗教訓，努力培養自信、堅毅、樂觀向上的品格。你會發現，當你樂觀的面對挫折時，挫折也會為你讓路的，逆境也會很快過去的。

所以，用你的樂觀去逆轉逆境，戰勝挫折吧。

勇敢面對挫折，恐懼會讓挫折更加囂張

人生是一個舞台，也是一個競技場，在這個舞台中，挫折無所不有，就像海面上洶湧澎湃的波濤；就像藍天中的朵朵浮雲。面對挫折，我們不必害怕、不能恐懼，用一顆勇敢的心堅強的面對挫折，我們才能在逆境中獲得重生。

人們對待挫折並不陌生，我們的生活總是在不斷地遭遇和克服無窮無盡的挫折中度過的。所以，應該充分的認識到，許多人的成功和進步，並不是因為他們經歷的挫折少，而是恰恰相反；實際上，許多成功者正是在挫折、困難的磨練中成長起來的。成功者懂得，挫折和逆境是生活的一部分，逃避挫折等於逃避生活。

既然痛苦和磨難是我們人生無法避免的經歷，與其恐懼不如勇敢的面對。只要你勇敢的面對挫折，挫折不僅會把我們磨練得更堅強，而且能擴大我們對生活的認識範圍和認識的深度，使自己更加成熟。「失敗乃成功之母。」失敗所帶來的啟示常會把我們引向成功之路。只要不洩氣，勇於繼續探索，善於總結經驗教訓，就一定能開闢出一條成功的道路來。成就事業的過程往往也就是戰勝挫折的過程。

那些在逆境中能夠成功的人，在於他們遇到挫折時根本沒有消沉和軟弱過，他們善於靠自己克服消沉與軟弱，勇敢的面對挫折。奧斯特洛夫斯基說得好：「人的生命似洪水在奔騰，不遇到島嶼和暗礁，難以激起美麗的浪花。」只有正視挫折，能夠正確地認識挫折，認真吸取挫折教訓的人，才能將「失敗」變為「成功之母」，才不會因暫時的挫折而氣餒，才能使壞事變好事，並因此而增長知識和才華，獲得解決問題的能力，使挫折朝積極方向轉化。

挫折確實會讓人遭受沉重的打擊，給人帶來痛苦和哀愁。但只要你勇敢的面對挫折，從中得到鍛鍊，你就一定能戰勝挫折而獲得成功。古語有云：「天將降大任於斯人也，必先苦其心志，勞其筋骨，餓其體膚，空乏其身，行拂亂其所為，所以動心忍性增益其所不能。」這便是磨難，逆境塑造人！挫折有消極的一面，也有積極的一面。「上帝關了你眼前的門，必定會替你開啟一扇窗。」面對挫折，只要你不恐懼，挫折就會對你產生恐懼。

有一個兩條腿失去知覺的人，他用自己的努力彌補了身體的缺陷，他的名字叫班・福特生。

那是在一九八五年，班・福特生砍了一大堆胡桃木的枝幹，準備做菜園裏的支撐架。他把那些胡桃木枝裝在車上，開車回家。突然間，一根樹枝滑下來，卡在底盤下，恰好是在車子急轉彎的時候，於是車子衝出路旁，撞到路樹。班・福特生的脊椎受了傷，兩條腿都失去了知覺。出事的那年他才二十四歲，自從那以後，班・福特生就沒有走過一步路。才二十四歲，就被判終身坐著輪椅生活，他如何能夠接受這個事實！他當時充滿了憤恨和難過，抱怨命運的不公。

可是時間一年一年的過去，他發現憤恨使他什麼也做不成，只會帶給別人惡劣的印象。班・福特生終於明白，大家都對自己很好也很有禮貌，自己至少應該做到的是，對別人也要有禮貌。

有人問他，經過了這麼多年以後，他是否還覺得他所碰到的那一次意外，是一次很可怕的不幸？

他說：「不會了，我現在幾乎很慶幸有過那一次事情。」當他克服了當時的震驚和悔恨之後，就開始生活在一個完全不同的世界裏。他開始看書，對文學作品產生了興趣。

他說，在十四年的時間，他至少讀了一千四百多本書，這些書為他帶來了很多新的啟示，使他的生活比以前所能想到的更為豐富。他開始聆聽好的音樂，以前讓他覺得煩悶的偉大演奏曲，現在卻能使他非常地感動，而最大的收穫是：他現在有時間去思考。

他說：「有生以來第一次，我能讓自己仔細地看看這個世界，有了真正的價值觀念。我漸漸明白，以往我所追求的事情，大部分實際上一點價值也沒有。」

看書的結果，使他對政治有了興趣。他研究公共問題，坐著他的輪椅去發表演說，由此認識了很多人，很多人也由此認識了他。他成為了最受歡迎的演講家，並出版了許多著作，可以說是逆境促使他成功。仔細研究那些身殘志堅的成功者們，就能深刻地感受到，他們身體上的缺陷不僅沒有阻礙他們的成功，這些缺陷反而使他們更加倍的努力，最終得到更多的報償。

然而，當挫折和逆境出現時，不同的人會產生不同的反應，採取不同的態度。面對挫折，如果你選擇了恐懼、選擇了放棄，也就是選擇了失敗。在人生的旅途中，一些人雖然也曾經努力過，但收效甚微。這是因為在前進的旅途中遭遇了困難，漫長的，看起來毫無結果的征途使他們厭倦了，於是他們就會停下來，尋找一個避風的港灣，在那裏躲避風浪。沒有什麼比半途而廢的放棄和喪失希望對未來威脅更大了，放棄和喪失希望不僅不能解決現實存在的問題，而

且還會讓我們在未來陷入更大的困境之中。只有那些勇敢面對挫折的人，才能成功的擺脫挫折

美國的《成功》雜誌每年都會報導當年最偉大的東山再起者和創業者，他們的傳奇經歷中有一個相同的部分，那就是他們在遇到重大的困難和逆境時，始終保持樂觀的態度，勇敢面對挫折，從不輕言放棄。

那些勇於面對挫折的人，在挫折面前能夠永遠保持一種生命激情，絕不讓年齡、性別、身體缺陷、或者任何其他障礙阻擋自己去實現成功願望的腳步。每當他們遭遇困難時，這種信念就會釋放一種巨大而神秘的力量拯救他們。他們堅韌、頑強而有彈性，心中完全沒有退縮的概念。對待逆境的解決方法，他們會不斷調整自己前進的方向，尋找更合適自己的道路。在他們不斷調適中，成功遲早會向他們伸出雙手的。

賽凡提斯曾說：「喪失財富的人損失很大；可是喪失勇氣的人，便什麼都完了。」所以，面對挫折，我們絕不能喪失勇氣，我們要靠自己勇敢來面對成功前那片黑暗。

正視逆境，為自己的失敗而鼓掌

生活中的逆境是我們無法避免的，但不同人面對逆境時會採取不同的態度。樂觀的人把逆境看作成功的考驗，悲觀的人把逆境視為上天的懲罰。身在逆境中，樂觀的人想到逆境也是成功的一個機遇，悲觀的人片面地認為逆境只會給自己帶來災難。其實，逆境的結果並非像你所想像的那樣嚴重，所以請正視逆境。

正視逆境，把逆境當作考驗的人，會像對待成功那樣，樂觀地、積極地去看待逆境；把逆境視為上天懲罰的人，會帶著恐懼和厭惡，甚至逃避的心態去面對逆境。樂觀的人從逆境中鍛鍊了自己的能力，磨練了自己的意志；逃避逆境除了留下悔恨和沮喪，還會有什麼呢？其實，經歷失敗，遭遇逆境並不一定都是壞事。

美國有個企業家叫密道爾，他專門收買快要破產的企業，而這些企業轉到他的手中，就會一個個起死回生，變得虎虎生風。此人什麼技術專長也沒有，但很有自信與心計。起初，他為別人做工，學會了經營和推銷。有一次，他看準一家即將倒閉的工藝品製造廠，買下後加以整頓，提高效益，改變品種，裁減冗員，很快使這個企業起死回生，獲得成功。

密道爾認為：作為出色的企業家，最重要的是要有頭腦，要真正掌握實際情況，隨時做出正確的決策。這一點做到了，就會比任何人更清楚企業的問題所在。有一次，他買下一家玩具工廠，發現這個玩具廠倒閉的原因在於包裝和搬運過程中的損失太大。於是他規定：凡破損率超過千分之一的就扣工錢；凡弄壞產品隱瞞不報，被客戶退回來的，即予解雇。從此，破損的事很少再發生，工廠開始呈現勃勃生機。

有人問他為什麼愛買一些失敗的企業來經營？密道爾說：「別人經營失敗了，接下來就很容易找到它失敗的原因，只要把缺點改過來，自然就會成功。這比自己從頭做起來省力得多。」一語道破「專買失敗」的天機。由此可見，挫折和險境未必不是機遇，我們不僅要把成功視為珍寶，也要把失敗看作財富。

是啊，逆境和挫折帶給我們苦難和痛苦，但失敗是成功之母，在挫折和失敗面前，只要你勇敢面對，正視失敗，你就一定能從失敗中吸取經驗教訓，從而獲得成功。

一九五八年，富蘭克・卡納利在自家雜貨店對面經營了一家披薩店，籌措他的大學學費。十九年之後，卡納利賣掉了連鎖店，總值三億美元，而他的連鎖店的名字叫做「必勝客」。

對於其他想獨立創業的人，卡納利給他們的忠告很奇怪：「你必須學習失敗。」

他的解釋是這樣的：「我做過的行業有很多種，而這中間大約有幾種做得還算不錯。在事業成功的過程中你總是出擊，而且你失敗之後更要出擊。你根本不能確定你什麼時候會成功，所以你必須先學會失敗。」

人生在世，誰不希望成功？但追求成功就會經歷挫折與失敗。尤其在市場競爭日益激烈的今天，機會增多，風險也隨之增多，失敗的機率也隨之增加了。這就要求我們必須打碎「害怕失敗」的枷鎖，增強對失敗的承受力，並在挫折與風險中磨練出堅韌的意志力，只有這樣，我們才會獲得成功。

失敗能教人學會怎樣在逆境中保持樂觀向上的心態，怎樣扭轉不利形勢，在逆境中堅持並實現自己的理想。

人生難免有起伏，只有正視失敗，笑對失敗才能從失敗的陰影中崛起。沒有經歷過失敗的人生不是完整的人生；沒有地殼的底蘊，就沒有金子的輝煌；沒有挫折的考驗，就沒有成功的喜悅。正因為有挫折，才有精神上的勇士和懦夫之分。每次成功和失敗都不是決定性的，也不是唯一的結果。成功與失敗往往一步之遙，在你意料不到的每個時機相互轉換，「上帝關了你眼前的門，必定會替你開啟一扇窗。」

大發明家愛迪生經過六〇〇〇多次的失敗，最終才發明了電燈，給人類世界帶來了黑夜中的光明。他在總結這段工作時說：「我對電燈問題，鑽研最久，試驗最苦，但是從未灰心，更不信它試驗不成！失敗和成功對我一樣有價值。」著名藥物學家歐立希發明一種名叫砷礬納明的新藥，這種藥能夠治療梅毒病和昏睡病。他在試製過程中，遭受過六〇五次失敗，這使他痛苦萬分，但他並未就此止步，而是繼續堅持試驗，終於在六〇六次實驗中取得了成功。因此，歐立希把這種新藥命名為「六〇六」。

一盞電燈要試驗六〇〇〇多次，一種新藥要試驗六〇六次，這中間經歷了多少艱辛！然而，最後的成功正是孕育在千百次的失敗之中。其實，成功與失敗並沒有絕對不可跨越的界限，成功是失敗的盡頭，失敗是成功的黎明。失敗的次數越多，成功的機會也越近。

但錯誤和失敗是對人的意志的嚴峻考驗，只有正視逆境，正視失敗，你才能在失敗中收穫成功。

所以，當挫折發生的時候，當你遭遇失敗的時候，當你陷於逆境的時候，請不要害怕，勇敢的正視逆境，為你的失敗而鼓掌，相信成功一定會光臨你！

心有韌勁則百折不屈

人生沒有坦途，在追求幸福的路上也不可能暢通無阻。人生可能有很順利的時候，也有很不順的時候。幸福的取得也有難易之分，但不管在怎樣的條件下，人們都不應放棄對幸福、對成功的追求。在順境中，人們以舒暢的心情謀求幸福，在逆境中，人們依然應當堅忍不拔，矢志不渝地追求幸福。順境中可以擁有幸福，只要你擁有一顆堅韌的心，在逆境中你也能成功的得到幸福。

當然身處逆境的人，確實容易使人消沉，喪失鬥志，結果跌倒後再也無法站起來。但只要你不放棄希望，不畏懼逆境，在逆境中抓住希望，並把它當作動力，就能夠在逆境中崛起。

雖然我們一生都希望能平安順利，但現實往往並不盡如人意，處於順境中是幸運的，陷於逆境中是不幸的，是一種厄運，但許多的奇蹟都是在厄運中出現的。

卡耐基克里蒙・史東是美國「聯合保險公司」的董事長，美國最大的商業鉅子之一。被稱為「保險業怪才」。史東幼年喪父，靠母親替人縫衣服來維持生活，而為了補貼家用，他很小就出去販賣報紙了。有一次他走進一家餐館叫賣報紙，被趕了出來。他乘餐館老闆不注意，又溜了進去賣報。氣憤的餐館老闆一腳把他踢了出去，可是史東只是揉了揉屁股，手裏拿著更多的報紙，再一次溜進餐館。那些客人見到他這種勇氣，於是勸主人不要再攆他，並紛紛買他的報紙。史東的屁股被踢痛了，但他的口袋裏卻裝滿了錢。

勇敢的面對困難，不達目地絕不甘休，史東就是這樣的孩子，後來也仍是這種人。史東還在上中學的時候，就開始試著去推銷保險。他來到一棟大樓前，當年販賣報紙時的境況又出現在他眼前，他一邊發抖，一邊安慰自己：「如果你做了，沒有損失，而可能有收穫，那就放手去做。」還有「馬上就做！」他走進大樓，如果他被踢了出來，他準備像當年賣報紙被踢出餐館一樣，再試著進去。但他並沒有被踢了出來，每一間辦公室他都去了。他的腦海裏一直想著：「馬上就做！」每一次走出一間辦公室，而沒有收穫的話，他就擔心到下一個辦公室會碰到釘子。

不過，他毫不遲疑的強迫自己走進下一個辦公室。他找到一項秘訣，就是立刻衝進下一個辦公室，就沒有時間感到害怕而放棄。那天，有兩個人跟他買了保險，就推銷數量來說，他是失敗的，但在瞭解他自己和推銷技術方面，他有了很大的收穫。

第二天，他賣出了四份保險；第三天，六份；他的事業開始了。

二十歲的時候，史東自己設立了只有他一個人的保險經紀公司，開業的第一天，他就在繁華的大街上銷售出了五十四份保險。有一天，他有個令人幾乎不敢相信的紀錄，一百二十二件，以一天八小時計算，每四分鐘就成交一件。

一九三八年底，克里蒙・史東成了一名資產超過百萬的富翁。他說成功的秘訣是一項叫做「肯定人生觀」的東西，他還說：如果你以堅定的、樂觀的態度面對困苦，你反而能從其中找到好處。其實，只要一個人保持堅強的意志，奮力拚搏，頑強奮進，不管身處的環境如何，他都能充分發揮自己的能力，獲得更令人陶醉、令人神往的幸福。

所以，當我們遭遇不幸，身處逆境時，我們一定要保持一顆堅韌的心，只有這樣才能獲得成功，得到幸福。著名科學家法拉第說：「世人何嘗知道：在那些通過科學研究工作者頭腦裏的思想和理論當中，有多少被他自己嚴格的批判、非難的考察，而默默的、隱蔽的扼殺了。就是最有成就的科學家，他們得以實現的建議、希望、願望以及初步的結論，也達不到十分之一。」這也就是說，世界上一些有突出貢獻的科學家，他們成功與失敗的比率是一：一〇，至於一般人與這個比率當然要低得多。

因此，在邁向成功的道路上，能不能經得起失敗的嚴峻考驗是非常關鍵的。所以，在人生的道路上，一定要心有韌勁、百折不屈，靠自己不斷向幸福和成功發起進攻！

堅定信念，終會到達成功彼岸

人生如同一場戲，生、旦、淨、末、丑你都得演繹一次；人生又如一道宴席，酸、甜、苦、辣你都要品嚐一次。只是在生活的舞台上，不同的人面對不同的角色、不同的味道所採取的態度是不一樣的。有的人對走出逆境堅定信念，有的人對走出逆境不抱希望，於是，不同的人收穫了不同的人生。

其實，生活中遭遇的逆境不絕對都是壞事，也並非不可改變。只不過在逆境中，需要保持堅定的信念，才能到達成功的彼岸。

生活中其實沒有絕境，絕境在於我們的心沒有打開，沒有建立堅定的信念。封閉的心，如同沒有窗戶的房間，會處在永恆的黑暗中。但實際上周圍只是一層紙，一捅就破，外面則是一片光輝燦爛的天空，就看我們願不願意去捅開。所以，面對困境我們要豁達，經常保持樂觀、懷抱希望，用信念帶領我們啟航，駛向成功的彼岸。

那麼，從現在開始，憑藉自身的力量，用堅定的信念挑戰生活，挑戰逆境。我們相信，任何困難和艱險都不會阻止我們邁向成功的腳步。只有歷經磨難，才能到達巔峰，才能看到最美的風景。

山本先生是一位汽車推銷員，他機智勤快，為人誠懇，這些都是銷售行業所必備的條件。由於他的努力工作，生意十分興隆。有時候，他以為自己永遠能夠這樣，然而命運卻向他挑戰了。山本先生在開車拜訪客戶的路上，與一輛急駛而來的汽車相撞，他失去了右腿，迫不得已只好退出了汽車銷售這一行。

山本先生並沒有向命運低頭，他仍在尋找抗衡困難的機會。有一天，他從雜誌中看到當時很多人喜歡修復舊的房屋，於是靈機一動，想到一個主意。他以前在職業學校求學時，傢俱製造和木工這兩科的成績都很優秀，他認為如果將自己的木工技能應用到修繕房屋上，一定可以賺到他生活所需的錢。

在開展工作之前，他向職業學校取得了介紹信，又請以前的顧客為他寫了推薦信，證明自己為人可靠而且工作認真。由於昔日大家對山本先生都有很好的印象，所以大家都十分願意為他做這些事。山本還印製了新的名片，分送給木材經銷商和木匠，並在當地的舊城區宣傳，讓大家都知道他是專門替人修葺房宅的。

經過不斷的努力，山本先生的公司有了一定的聲譽，生意興隆，他說：「我以前是做汽車銷售的，命運改變了我的生活，但是我知道自己一定能戰勝命運。」

逆境可以擊垮甚至毀掉一個人，包括他的夢想、他的生命。但是如果我們能擁有堅定的信念、良好的心態，不輕易低頭和服輸，那麼逆境乃是我們做大事的肥沃土壤，成為成功者的晉升之階。

曾經是美國副總統的亨利•威爾遜出生在一個貧困的家庭裏。當他還在搖籃裏時，貧窮就已經露出了它猙獰的面孔。他深深地知道，當他向母親要一片麵包，而她手中什麼也沒有時，是什麼樣的滋味。他在十歲時就離開了家，當了十一年的學徒工，每年僅可以接受一個月的學校教育。最後，在十一年的艱辛工作之後，他得到了一頭牛和六隻綿羊作為報酬，而他把牠們變賣換成了八十四美元。

從出生一直到二十一歲那年為止，他從來沒有在娛樂上花費過錢，每塊錢都是經過精心計算的。他完全清楚拖著疲憊的腳步，在漫無盡頭的盤山路上行走是什麼樣的感覺……

在他二十一歲生日之後的第一個月，他帶著一隊人馬進入人跡罕至的森林裏，去採伐那裏的大圓木。每天他都是在天際的第一抹曙光出現之前起床，然後就一直辛勤的工作到星星探出頭來為止。在一個月夜以繼日的辛勞之後，他獲得了六美元的報酬，當時在他看來這可真是一個大數目啊！每塊錢在他眼裏都跟晚上那又大又圓、銀光四溢的月亮一樣。

就在這樣的窮途困境中，威爾遜先生依然保持著對成功的渴望和堅定的信念，他下定決心，絕不讓任何一個發展自我、提升自我的機會溜走。很少有人能像他一樣深刻的理解閒暇時間的價值，他像抓住黃金一樣緊緊地抓住了零星的時間，不讓一分一秒從指縫間流走。

在他二十一歲之前，他已經設法讀了一千本好書，想想看，對一個農場裏的孩子，這是多麼艱巨的任務啊！在離開農場之後，他徒步到一百英哩之外的麻塞諸塞州的內蒂克去學習皮匠。他風塵僕僕的經過了波士頓，在那裏他可以看見邦克・希爾紀念碑和其他歷史名勝。整個旅行只花費了他一・六美元。

然而，一年之後，他已經在內蒂克的一個辯論俱樂部脫穎而出，成為其中的佼佼者了。後來，他在麻塞諸塞州的議會發表了著名的反對奴隸制度的演說，時間相距不到八年。十二年之後，他與著名的查理斯・薩姆納平起平坐，進入了國會。

對於威爾遜來說，在困苦的生活中，他沒有喪失自己的信念，他依然保持著對成功的渴望。把每一個逆境都當作是成功的階梯，依靠著堅定的信念一步一步的走向成功。

面對生活中的困苦和挫折，我們要鼓足勇氣去承受一切，磨練我們的意志，堅定我們的信念，這樣我們才能夠變的更堅強和自信，生命也會更有活力。相信在我們堅定的信念下，靠自己不斷的努力，我們一定能到達成功的彼岸。

第四章　規劃未來，描繪嚮往的願景

生命是神奇莫測，難以預料的，也因此人生才多彩多姿，充滿魅力。凡事預則立，不預則廢。任何對人生目標精密的規劃和設計，都可能隨著時間的推移而變的不合時宜。但是航行在人生的大海上，有一張通向遠方粗略的航海圖和一個簡易的羅盤，應該比毫無準備的駛入人生的茫茫大海好些。

規劃未來，描繪出你理想的藍圖，將有利於你更好的瞭解自己，確定適合自己的目標，針對目標進行準確的自我定位，提升應對競爭的能力。在機會與挑戰粉墨登場的未來社會裏，機會將垂青於那些有準備的人！

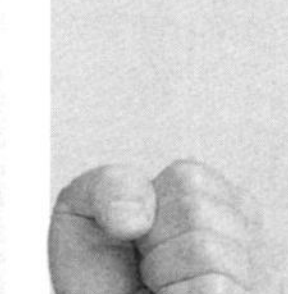

有目標就不會在當下徘徊

相信大家都有這樣的感受：當自己為某一個目標而奮鬥時，或許有時候會有點累，但你的生活卻充實無比，每天的生活也過的特別有意義。當你完成你的目標後，那種成就感與滿足感帶給你無法描述的快樂！

聖經說：「你決定要做何事，必然給你成就，亮光也必照耀你的路。」是啊，當你擁有了目標，你就不會在當下徘徊，你就會為了實現目標而不斷靠自己努力。

有一位瘦子和一位胖子在一段廢棄的鐵軌上比賽走枕木，看誰能走得更遠。

瘦子心想：我的耐力比胖子好得多，這場比賽我一定會贏。開始也確實如此，瘦子走得很快，漸漸將胖子拉開了一大截。但走著走著，瘦子漸漸走不動了，眼睜睜的看著胖子穩健的向前，逐漸從後面追了上來，並超過了他，瘦子想繼續加力，但終因精疲力竭而跌倒了。

最後，在好奇心的驅使下，瘦子想知道其中的秘訣。胖子說：「你走枕木時只看著自己的腳，所以走不了多遠就跌倒。而我太胖了，以至於看不到自己的腳，只能選擇鐵軌上稍遠處的一個目標，朝著目標走。當接近目標時，我又會選擇另一個目標，然後就走向新的目標。」

隨後胖子頗有點哲學意味地指出：「如果你向下看自己的腳，你所能見到的只是鐵銹和發出異味的植物而已；而當你看到鐵軌上某一段距離的目標時，你就能在心中看到目標的完成，就會有更大的動力。」

是啊，人生也是這樣，也一定要設定一個目標，如果人生沒有目標，就像你無法從你從來沒有去過的地方返回一樣，沒有目的地，你就永遠無法到達。一個沒有目標的人就像一艘沒有舵的船，永遠漂流不定，只會到達失望、失敗和沮喪的海灘。

一九七〇年，美國哈佛大學對當年畢業的天之驕子們進行了一次關於人生目標的調查：二七%的人，沒有目標；六〇%的人，目標模糊；一〇%的人，有清晰但比較短期的目標；三%的人，有清晰而長遠的目標。

一九九五年，即二十五年後，哈佛大學再次對這一批一九七〇年畢業的學生進行了跟蹤調查，結果是這樣的：三%的人，二十五年間他們朝著一個既定的方向不懈努力，現在幾乎都成為社會各界的成功人士，其中不乏行業領袖、社會菁英；一〇%的人，他們的短期目標不斷實現，成為各個行業、各個領域中的專業人士，大都生活在社會的中上層；六〇%的人，他們安穩的生活與工作，但都沒什麼特別突出的成績，他們幾乎都生活在社會的中下層；剩下二七%的人，他們的生活沒有目標，過得很不如意，並且常常在抱怨他人、抱怨社會、抱怨這個「不肯給他們機會」的世界。其實，他們之間的差別僅僅在於：二十五年前，他們中的一些人知道自己的人生目標，而另一些人不清楚或不是很清楚自己的人生目標。

曾經有一位醫生對活到百歲以上的老人共同特點做過大量研究，他請聽眾思考一下這些人長壽的共同因素，大多數聽眾以為這位醫生會列舉食物、運動、節制煙酒以及其他會影響健康的東西。然而，讓聽眾驚訝的是，醫生告訴聽眾，這些人在飲食和運動方面沒有什麼共同特點。他發現，他們的共同特點是對待未來的態度—他們都有人生目標。

制定人生目標未必能使你活到一百歲，但必定能增加你成功的機會。人生倘若沒有目標，你肯定會一事無成，正如貿易鉅子賓尼所說：「一個心中有目標的一般職員，會成為創造歷史的偉人；一個心中沒有目標的人，只能是個平凡的職員。」因為有目標的人才不會浪費當下的時光。

這就是目標的力量，目標是我們人生的航向，有了目標，我們就有了前進的動力，我們的潛能就能被激發，我們才能珍惜當下時光，為理想而努力。

站在當下甲板，預測未來航向

當你站在茫茫大海上時，你會不會感到迷茫，繼而迷失自我呢？在那一望無際的大海上，如果沒有明確的航向，相信任何人都會迷失。所以，我們需要站在甲板上，預測航向。人生的這艘船也一樣，需要我們根據當下去預測未來的航向，這個人生規劃。

站在當下的甲板上，預測未來航向，首先需要瞭解我們需要的是什麼。在今天的社會，我們的物質生活越來越豐富，但人的精神生活卻越來越萎縮。人的個性、愛好、思想，已越來越被現實生活所扼殺，金錢取代了一切，在這個金錢決定地位、身分、快樂與否的社會裏，人的動物本能被極大地張揚，而人的高尚情操和精神卻越來越被窒息。人在感覺和思考方面，在意志行為方面，已越來越失去了創造力，於是我們就只能是我們所處的環境和所受的教育，也就是社會對我們的要求模子裏出來的模型。我們所有的精力都用來想要獲得，而多數的人從未考慮這種獲得：是不是我們真正的需要？只是見到大家都這樣，於是我們也要這樣，卻沒有停下來想想，我們所追求的目標，是不是我們想要的。在學校時，我們想要好分數，到了社會上，我們要事業成功，賺大錢，有聲望，買更好的汽車，到各地觀光等等。然而，如果我們能在這種瘋狂活動的時候停下來想一想：「如果我真的獲得了這項新工作，如果我有了這部比較好的汽車，如果我能去旅行─以後又怎樣呢？這些東西是否能真的讓我快樂呢？」所以，首先我們需要瞭解我們所熱愛的、所喜歡的事物是什麼？從我們真正熱愛的、真正快樂的事物中發展我們潛力。

做自己喜歡的事，保持自己的存在，保持自己的個性，發展自己，追求屬於自己的真正快樂，在不斷追求中體會成就感，會使你永遠感受到青春、活力和一種無止境的力量，這是一種精神境界。而不是社會的工具，不是意識形態的工具，我們就是我們自己。我們要最大限度的實現自身的潛能，並對社會做出最有價值的貢獻。這樣，我們既與世界同為一體，但同時卻又保持著自身的人格完整性。在建設性的運用我們的精力時，我們提高了自己的能力，我們「燃燒自己，卻不化為灰燼」。也就是說，我們需要找到自己真正喜歡，能夠真正給我們快樂的事物，因此人生需要找對適當的位置。

相信每一個人對於生活最簡單的要求是快樂，不快樂是因為我們要求擁有不可能擁有的東西，一但無法得到，我們就會不快樂。一個人只有在做自己喜歡的事上，才能夠有所發揮，才能夠獲得快樂。每個人都有權選擇做事的方法和原則，但是必須坐對位置、做對事。做自己並不喜歡的事，除了讓自己產生更多怨恨和不快樂，只有徒然浪費生命而已；坐對了位置，就像是要打開保險箱的號碼，也必須尋找「對」的數字，才能打開保險箱。

如果你站在不是你該站的位置上，你永遠不可能發揮潛能和實力，所以站「對」地方做「對」事情，是一件非常重要的事，只有讓自己能力有所發揮的工作，才能散發出成功者的魅力。

當然了，找對當下位置也不是一件簡單的事情，我們需要慢慢調整位置，慢慢站上心裏想要的位置。或許有些人覺得現在的位置並不舒服，想要換換位置，或者是別人想搶你的位置，不管是你想搶別人的位置或者是別人想擠下你的位置，想想看！你站對了位置嗎？有的人並不瞭解自己，以至於他們即使站錯了位置，仍然不知道錯在哪裏，所以瞭解自己才能打開潛能那扇窗。有些人是知道自己站錯了地方，但是卻不願意改變，因為害怕改變之後的不安全感，就好比是鴕鳥，以為別人都看不到牠。關鍵的是瞭解自己當下的位置，並思考自己是否站對了位置，如果站錯了位置，沒有找到令自己舒服的位置，那麼就請及時調整自己的位置。

在瞭解了自己的喜好，找對自己當下的位置後，我們需要在此基礎上，預測未來的航向，做好人生規劃。當今社會處於激烈的變化過程中，人生之路規劃也隨時根據各種變化來調整。所以環境的變化會導致自我觀念的變化，反映到人生之路規劃上來，就不能一次把人生規劃的每一個具體細節都確定下來，但是我們可以找尋到人生之路的大致方向，即我們需要為人生規劃定準目標。

預測未來航向，定準日標是確認你人生發展策略。不同的人，不同的情形會有不同的航向，也會有不同的人生發展策略，人生的這種發展策略規劃是人生規劃很重要的一步。人生策略規劃，指的是人們透過什麼樣的方法或途徑來取得成功。舉個例子來說，諸葛亮先是長期躬耕壟畝，然後是結交至友，借助師友和自我宣傳推廣自己，以便聲播天下，擇良主而侍。「淡泊以明志，寧靜以致遠」就集中概括了諸葛亮的成功人生策略。我們需要的就是在當下的甲板上，根據我們目前船上的儲備確定人生的發展策略。

定準目標，否則就會越努力越無效

在當下的甲板上，我們確定了未來的航向，但在人生的茫茫大海上，我們還需要定準我們的目標，因為有什麼樣的目標，就有什麼樣的人生。目標對於我們的人生來說，就像撒在園中的種子，稍不留意，野草就會蔓生，它無需我們關注，就會長得又快又多。如果你期望潛能可以充分發揮，那麼就請你定下一個遠大的目標，相信你在向它挑戰的過程中，會發現無窮無盡的機會，會使人生攀上一個新台階。如果人生沒有定準目標，你就會發現你的人生似乎越努力越無效，生活只剩下貧乏的想像。

我們都知道龜兔賽跑的經典故事，但後來又有了幾個新的版本，其中一個版本是這樣的：說兔子自從第一次比賽，因為自滿和偷懶而輸掉了之後，一方面很沒有面子，另一方面，也關起門來深刻的反省了自己，並且對自己約法三章：第一，絕不服輸；第二，絕不自滿；第三，絕不偷懶，全力以赴。一個月之後，兔子又找到了烏龜，要求再比賽一場，烏龜勉強同意了。在一個風和日麗的早晨，在老虎、猴子、大象等動物的監督公證之下，比賽開始了。發令槍響過之後，兔子一溜煙的飛奔而去，而且一路上，兔子不斷的自我激勵：「我是最棒的！我加油！我一定能成為第一！」

可是，最終的結果卻是，烏龜這一次又獲得了第一名，兔子又輸掉了！

兔子想不通，為什麼這一次牠沒有偷懶，沒有睡覺，努力的一路飛奔，到底是為什麼又仍然輸掉了比賽呢？答案是：兔子跑錯了方向。兔子只顧著跑贏烏龜，看也沒看，就撒開四條腿使勁跑，卻不知自己跑錯了方向，定錯了目標，於是再一次的輸掉了比賽。

兔子是不是很可笑也很可悲呢？努力一場依然是一場空！然而，在現實生活中，像兔子一樣沒有方向或者跑錯方向的人大有人在。很多人都堅信「天道酬勤」、「一分耕耘、一分收穫」、「勤奮＋汗水=成功」、「世上無難事，只要肯登攀」、「笨鳥先飛」等等成功的格言，殊不知，這些成功道理是建立在一個基本前提之上，那就是—正確的方向。

也就是說，定準目標，選擇正確的方向比努力重要，比出力流汗更重要。因為，在錯誤的方向上，你越努力，你離成功越遠，離失敗越近。沒有定準目標，你所做的都只是無用之功。

那麼，我們該如何才能定準我們的目標呢？首先，需要明確你的價值觀。其實很多人並沒有真正屬於自己的目標，他們大都以社會的價值觀為自己的價值觀。大多數人會告訴你，他的人生目標就是要成功，要賺很多的錢，要功成名就，幸福快樂。但你真正靜下心來想過沒有，這是你真心想要的嗎？還是只是採用了別人的想法，活在了別人的模式裏？或者只是深植在你腦海中的社會價值標準？

人應該找回自己，活出自己想要的生命。人生是一齣戲，在自己生命的舞台上，我們是製片，是編劇，是導演，更是主角。我們是這齣戲的中心，四周的人，充其量都只是配角而已。我們應該尋問自己，在生命中最重要、最值得追尋的到底是什麼？要明確自己的價值觀。盧梭說：「對於整個世界我微不足道，但是我對於自己確是全部。瞭解自我，能時常保持著這個真正的自己，才能完成上天賦予自己的使命。」

當你知道了自己最重要的人生價值所在，那麼如何下決定就易如反掌；反之，如果你不知道什麼對你是最重要的，那麼就很難做出決定，往往成為痛苦的折磨。有傑出成就的人，必然是因為能很快做出決定，那是因為他清楚知道自己人生最重要的價值何在。

其次，清楚你的人生角色。一個人從小到大，從生到死，既要人養，也要養人。為人子，為人夫（妻），為人父（母）……直至為人師長，為官一方……角色千變萬化。每一個角色意味著一份義不容辭的責任。在追求圓滿人生的過程中，如何兼顧全局，平衡和諧地發展，避免顧此失彼，因小失大，這確實是對我們的不小的考驗。在追求人生價值和生命意義的過程中，一定要統籌兼顧，左右逢源，和諧一致。因此，我們務必確定在我們的人生中最重要的角色，以及這些角色應該履行的責任和義務，並以此制定我們的發展方向和奮鬥目標。

偉大的目標塑造偉大的心靈，偉大的目標產生偉大的動力，偉大的目標造就偉大的人物。但無論是多麼偉大的目標，我們首先都需要定準了目標，否則再偉大的目標也不能把你帶到正確的目的地。所以，請你認真分析自己的價值觀，明確你的人生角色，並在此基礎上，定準你的人生目標吧。

用當下的累積，換取未來的成功

千里之行，始於足下，無論是多麼宏大的目標，都需要我們從現在做起。只有不斷的努力在當下，當機會來臨的時候你才能成功。所以我們應該珍惜當下時光，用當下的累積，換取未來的成功。

成功的機會只會給那些有準備的人，所以每個人都應該有危機意識，因為儲藏和準備的功夫必須依靠當下的累積。人生的技能若充足完備，面對問題的能力才會比較強，就好比打仗，所謂「毋恃敵之不來，而恃吾有以待之」，當所謂的好運就是機會來臨時，你已做好了萬全的準備。

大多數人的生命之所以卑微、渺小，原因就在於他們對於自己的生命所下的資本太輕，在能力、教育、思想、才能、智力、體力、訓練等等所下的功夫太淺所致，由於所播下的種子不多，因此收穫一定不夠豐碩。

俗話常說：「平時不燒香，臨時抱佛腳」，可見得，若平時不加強自己的能力，果真要派上用場時，就一籌莫展了。凡事多一分準備，就多一分的保障，因為未雨綢繆才能使受到的損害減少至最低。人生的經營是多方面的，不管是工作、學習、交友、理財、興趣等等，需要做全面性管理，不要把焦點放在一個單一的問題上，顯得眼光短淺，人生必須用遠距離、寬視野，長時間的歷史學家眼光來看。

當下的累積就是給人生的銀行裏存款，如果你不願意在你的生命中，放些什麼進去，當然，你就無法從生命裏取出些什麼來，這是很公平的。在每個人的生命當中，總有幾次大的機會降臨，你是否能捉住機會，全視你有無相當能力的儲藏和準備，而你所儲藏的能力又是否足以應付所遭遇的問題，一個人能否成功，完全取決於當下的累積。

現代社會是一個充滿競爭的時代，在現實世界裏，每個年輕人都有夢想，都渴望成功，但獲得成功的人依然是少數，智大才疏往往是阻礙年輕人成功的最大的障礙。他們看到的只是成功人士功成名就時的輝煌，卻往往忽略了他們在此之前靠自己艱苦奮鬥的努力。而事實上，人世間沒有一蹴而就的成功，任何人都只有透過不斷的努力，才能凝聚起改變自身命運的爆發力。

「天道酬勤，水滴石穿。」無數事實證明，成功需要累積，需要累積經驗，需要累積能力，需要累積成績，而這一切都離不開恒心和堅持，任何微小的量變，只要能堅持不懈的朝著一個方向努力，最終必將導致質的飛躍。一個人若能每次進步一點點，持之以恆，天天向上，就一定能積小勝為大勝，變平庸為神奇，掌握成功鑰匙，實現人生價值，創造輝煌成績，古今中外無數成功人士都是這樣走過來的。

上個世紀最初的幾十年裏，在太平洋兩岸的美國和日本，有兩個年輕人都在為自己的人生努力著。

日本人每月堅持把工資和獎金的三分之一存入銀行，儘管許多時候他這樣做會讓自己手頭拮据，但他仍咬緊牙照存不誤，有時甚至借錢維持生計也從來不去動用銀行的存款。

相比之下，那個美國人的情況就更糟糕了，他整天躲在狹小的地下室裏，將數百萬根的K線一根根的畫在紙上，貼到牆上，接下來便對著這些K線靜靜的思索，有時他甚至能面對著一張K線圖發幾個小時的呆。後來他乾脆把自美國證券市場有史以來的紀錄搜集到一起，在那些雜亂無章的資料中尋找著規律性的東西。由於沒有客戶賺不到錢，許多時候這個美國人不得不靠朋友的接濟來勉強度日。

這樣的情況在兩個年輕人的世界裏各自延續了六年。

六年的時光裏，日本人靠自己的勤儉積蓄了五萬美元的存款；美國人集中研究了美國證券市場的走勢與古老數學、幾何學和星象學的關係。

六年後，日本人用自己在艱苦的歲月裏，仍堅持節衣縮食累積財富的經歷打動了一名銀行家。從銀行家那裏獲得了創業所需的一百萬美元的貸款，創立了麥當勞在日本的第一家分公司，從而成為麥當勞日本連鎖公司的掌門人，他名子叫藤田。

同樣是在六年後，美國人成立了自己的經紀公司，並發現了最重要有關證券市場發展趨勢的預測方法，他把這一方法命名為「控制時間因素」。他在金融投資生涯中賺取了五億美元的財富，成為華爾街上靠研究理論而白手起家的神話人物，他名子叫威廉・江恩。

他們的成功的途徑雖然不同，但有一點是一致的，他們的成功來自於他們不斷的累積，他們正是透過當下的努力換來了成功。

成功需要累積，這是一條最原始也是最簡單的真理。許多人一事無成，往往不是因為沒有能力，而是缺乏耐心，看不上每次進步的一點點，急於求成，老想一口吃個胖子，結果放棄了每次的一點點進步，也就放棄了希望，放棄了成功。我們要想獲得明天的成功，就需要從現在開始不斷的累積，用當下的努力換取明天的成功。

擁有雄心壯志，更要做好當下小事

成功學中有一句重要的話叫「心動」不如「行動」，也許你心中擁有雄心壯志，萬丈豪情，但如果你沒有做好當下小事，你的雄心壯志就只會是鏡中月，水中花。

一次一家公司舉辦一個行銷人員的培訓會議，公司很多行銷人員都來參加了。他們學習了很多東西，快要結束的時候，行銷總監前來作總結，他也沒有多講什麼，最後讓大家都動一下，站起來，看看有什麼發現。全體人員很納悶，但還是陸續的站起來，莫名其妙的東張西望。不一會，有人就大聲的說在桌子下面找到一張美元。然後，就不斷的有人說在椅子下、桌子裏、地板上等地方找到了錢。最多的有一百，最少的也有一元。正當大家詫異的時候，這位總監就問大家能否明白其中的意思，沒人能夠回答，但又都想知道；最後總監就說了，這其實很簡單，就是想告訴大家，只要你動了起來，就一定會有所收穫，如果你坐著不動的話，就會一無所獲。

這個事例告訴我們無論口頭理論再好，如果只是坐而論道，光說不練，永遠也產生不了任何效果。「海不擇細流，故能成其大；山不拒細壤，方能就其高。」只有做好當下小事，你才能一步步走向成功，實現目標。

古人云：「勿以善小而不為，勿以惡小而為之。」告誡我們不要認為事情小而忽略了做它的意義和作用，凡是成就大事者，均把做好當下每一件小事看得很重要。一件小事可能會改變人們對你的看法，改變自己為人處事的原則，改變自己的人生軌跡。做一件好的小事，會給人留下好的印象；同樣，做一件小的惡事，會給自己的人生塗上一個汙點。

做好每一件小事，需要我們有實事求是的精神，需要有堅定的信心。為什麼要強調做好當下小事呢？做大事的經驗是需要從小事中累積的，「一室不掃何以掃天下」，說的就是這個道理。如果不從小事做起，如果沒有一定的經驗和豐富的閱歷做基礎，做「大事」只能是望天空談。

然而，許多立志要成功的年輕人，常常會陷入這樣一個誤區，他們認為既然自己立志要成功，那做的就應該是轟轟烈烈的大事，不應該大材小用去做一些平常人都能做的小事，好像只有不做小事才能顯示出自己的胸懷大志和與眾不同。

但是，成功人士的經驗和實踐告訴我們，不會做小事的人，很難有大的作為，只有經過了做小事並做好小事的磨練歷程，才有可能達到做大事的層次，成為真正意義上的人才。

現在一些年輕人很容易好高騖遠，不願意腳踏實地一步一步從頭開始，剛一走入社會就想成為主管者。比如，學商業的總是夢想當CEO，學新聞的，急於成為總編輯。在這種心態下，很容易急功近利，也不太願意接受別人善意的批評，因而滋生驕傲自滿情緒，再往後就很難把平凡的小事做好。用這種人生態度指導工作和生活，只能離自己的夢想和目標越來越遠。所以對於年輕人來說，在初出校園踏入社會之時，應該在懷有理想的同時，滿懷激情的認真做好每一件工作，無論它多麼細小或者瑣碎，因為美好遠景的實現是以一點一滴為基礎的。能否做好小事，其實能夠反映一個人做事能力以及是否具備成功的素質。

做好當下小事不是你願不願意的問題，而是獲得成功過程中不可逾越的階段。做好當下小事不僅是一種做事的方法，更是一種人生態度。

第五章　沐浴陽光，走出自閉的小屋

生活中可能會遇到狂風暴雨，但也會有陽光雨露，重要的是我們用什麼樣的態度對待生活中的一切。如果我們只知道抱怨，那麼煩惱會越來越多，樂趣就會越來越少，我們就會離社會越來越遠，終日只有孤單與寂寞相伴。然而，如果我們懷著一顆感恩的心對待生活，懂得享受當下的生活，不預支明天的煩惱，在痛苦的時候能夠找人傾訴，多交朋友，積極的融入到團體當中，懂得享受團隊和家的溫暖。那麼，我們的生活就會充滿陽光，我們也能體會當下生活的快樂與幸福。

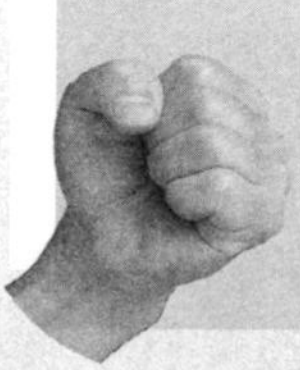

用感恩的心看待世界

用感恩的心看待這個世界，你才會發現這個世界到處都充滿著溫暖，有許多值得你感動的事物存在，這個世界才會更美好。在一個鬧饑荒的城市，一個家庭殷實而且心地善良的麵包師把城裏最窮的幾十個孩子聚集到一塊，然後拿出一個盛有麵包的籃子，對他們說：「這個籃子裏的麵包你們一人一個。在上帝帶來好光景以前，你們每天都可以來拿一個麵包。」

瞬間，這些饑餓的孩子蜂擁了上來，他們圍著籃子推來擠去大聲叫嚷著，誰都想拿到最大的麵包。當他們每人都拿到了麵包以後，竟然沒有一個人向這位好心的麵包師說聲謝謝，就走了。

但是有一個叫依娃的小女孩卻例外，她既沒有和大家一起吵鬧，也沒有與其他人爭搶。她只是謙讓的站在一步以外，等別的孩子都拿到以後，才把剩下在籃子裏最小的一個麵包拿起來。她並沒有急於離去，她向麵包師表示了感謝，並親吻了麵包師的手之後才轉身回家去。

第二天，麵包師又把盛麵包的籃子放到了孩子們的面前，其他孩子依舊如昨日一樣瘋搶著，羞怯、可憐的依娃只得到一個比昨天還小一半的麵包。當她回家以後，媽媽切開麵包，許多嶄新、發亮的銀幣掉了出來。

媽媽驚奇的叫道：「立即把錢送回去，一定是揉麵的時候不小心揉進去的。趕快去，依娃，趕快去！」當依娃把媽媽的話告訴麵包師的時候，麵包師面露慈愛的說：「不，我的孩子，這沒有錯。是我把銀幣放進小麵包裏的，我要獎勵妳。願妳永遠保持現在這樣一顆平安、感恩的心。回家去吧，告訴妳媽媽這些錢是妳的了。」她激動地跑回了家，告訴了媽媽這個令人興奮的消息。

如果人與人之間缺少感恩之心，這個世界將只剩下冷漠與自私，那將是多麼可怕的事情啊，所以我們要學會感恩，其實懂得感恩也是一種美德。

感恩也應當成為我們的一種生活態度，我們應感恩父母和親朋好友。因為父母帶給我們生命，在生活中給予我們點點滴滴的關愛與照顧；因為朋友帶給我們真摯的友情，在生活中給予我們一聲聲的關心和鼓勵。正是因為有了他們，我們才能享受到生活的溫馨。

我們應感恩生活，即使生活給你帶來的不僅是幸福和快樂，還有挫折和磨難。因為挫折可以磨練我們的意志，苦難可以錘鍊我們的品質，使我們更深刻地理解生活。讓我們學會了勇於面對生活的種種考驗，懷抱一顆感恩之心，去努力克服困難，戰勝挑戰，不向生活低頭，不向命運屈服。讓我們的生命之路行進得更紮實，更穩固。正因為生活中充滿著幸福、快樂還有挫折和磨難，我們的生命才能那樣的真實、美好。

我們也應感恩我們所處的自然社會，因為它們孕育了一個個相像而又不盡相同的個體，組成了一個豐富多彩的大千世界。讓我們的思維得以在這樣一個多元化的精彩世界裏激烈碰撞，閃爍出生命奮進的火花。體味生活的多姿多彩，讓生命奮進的火花不斷碰撞新的理念，閃爍出新的光芒。正因為大自然的多姿多彩，我們平凡的歲月才會擁有那麼多的體驗和色彩。

感恩其實就是一種積極的、樂觀的生活心態。感恩，可以是病床上奄奄一息的病患看到第二天初升的太陽；可以是沙漠中斷水口渴之人舉步艱難之時發現一片綠洲；可以是迷茫無序之時忽然的「柳暗花明又一村」。「感恩」，又不同於一般意義上的「感謝」、「感激」，但也有此之意。感恩，是一種更深的，發自內心的生活態度。對生活感恩，其實也是善待自我，學會生活。懂得感恩，才能懂的享受當下的生活。

然而，生活中卻有人不懂得感恩，不懂得用感恩的心看待世界。他們會說：「生活是不公平的，我們付出了卻沒有得到回報。」也有人說：「這個世界是黑暗的，一切都可以用錢來擺平。」但今天我要說的是其實你們只看到了生活的陰暗面，並沒有用一顆平常心去體會我們的生活，用一顆感恩的心去面對我們的生活積極面！

當父母為我們付出那麼多心血、精力，我們是否會記得他們的生日，體會他們的勞累，又是否察覺到那縷縷銀絲，那一絲絲皺紋？你是否能在父母勞累後遞上一杯暖茶，在他們生日時遞上一張卡片，在他們失落時奉上一番問候與安慰？

當你在生活中遭遇不如意時，三五好友陪伴在你身邊，寬慰舒解，酒甜歌美，情濃意深時，你是否會感恩生活給了你這麼多的好朋友，讓你能夠享受朋友的溫暖，生活的香醇，如歌的友情呢？

當每天清晨醒來，推開窗戶，放眼藍藍的天、綠綠的草、晶瑩的露珠時，你是否會感恩上天又給予了一個美好的一天。夜晚，月光展露著溫柔的笑容，四周籠罩著夜的溫馨時，你是否會感恩大地賦予的安寧？

是啊，只有用一顆感恩的心看待世界，你才會發現生活中美好一面，而這些往往也是人們最容易忽略的。其實只要你用心累積生活中的點點滴滴，把一些美好感動的細節收集起來，你就會發現我們生活溫情的一面。就會用飽滿的熱情和積極的心態去迎接我們生活的每一天，就不會每一天在哀聲嘆氣中度過，就不會做一天和尚撞一天鐘，渾渾噩噩地不思進取。所以說，只有用感恩的心看待世界，你才能發現美好。

讓我們用一顆虔誠的心感恩上蒼的賦予，感恩於灑在我們身上的每一縷陽光，感恩於路人投來的每一個微笑或是一注眼神，感恩生命的存在，感恩生活中的點點滴滴，這一切的存在才能展現真實的美好。讓我們以感恩的心享受這真實的生活，用一顆感恩的心對待這個世界吧。

拒絕杞人憂天，不預支明天的煩惱

杞國有一個人，膽子很小且有點神經質，他常常會想一些莫名其妙，不切實際的問題。一天晚飯後，他拿個大扇子在門前乘涼，自言自語的說：「如果有一天，天塌下來把我們都活活壓死了，那可怎麼辦呀！」於是他就天天琢磨這個問題，越想越害怕，越想越覺得危險。結果日子長了，他覺也睡不著，飯也吃不下，一天比一天消瘦。

朋友們看到他整天恍恍惚惚、神不守舍的樣子，都很替他擔心。當朋友得知他是因為擔心天塌下來才弄成這副模樣的時候，都勸他說：「老兄呀，你何必為這種事煩惱呢？這種事情，自古以來可就沒有發生過啊！即使哪天天真的塌下來了，也不是你一個人所能解決的啊！還是不要為這種事自尋煩惱了。」可是無論別人怎麼勸說，他都不相信。

年復一年，日復一日，天始終也沒有像他擔心的那樣掉下來，連日月星辰也都好好的，可是杞人卻始終為這個問題所困擾。據說，直到臨死時他仍在為這個問題擔心。

從此，那些自尋煩惱，為了一些不切實際的事情而憂愁的人就有了共同的名字—杞人憂天。

時下也正流行著提前消費，什麼都提前使用，但煩惱卻不應提前消費。其實，人生苦短，何必要預支明天的煩惱呢？快樂、充實的過好當下的每一時刻，不是要比煩惱明天該怎麼過要強很多嗎？哈里伯頓說：「懷著憂愁上床，就是背負著包袱睡覺。」天天為明天的事煩惱，又怎麼會有快樂的時候呢？

你要相信，車到山前必有路，船到橋頭自然直。不管生活遇到再大的風浪，總會過去的；再大的煩惱，總會有解決的辦法，何必總是憂愁那些還沒有發生的事情。

前幾天，看過一則故事，說的是一個小和尚，每天早上清掃寺院裏的落葉。他為了第二天不再清掃落葉，就在一天早上，早早起來，使勁的搖著樹，這樣他覺得就能把今天和明天的落葉都掃乾淨了，然而第二天，院子裏如往常一樣四處都是落葉。老和尚知道此事，便意味深長的對小和尚說：「傻孩子，無論你今天怎麼用力，明天的落葉還是會落下來啊！」

是啊，無論你今天如何的煩惱，明天該發生的事情還是會發生的。難道它會因為「預支」

而提前消失嗎？答案當然是否定的，它只會因為你的預支更囂張，使你更煩惱罷了。而今天的快樂卻不能延續到明天，無論是快樂還是煩惱，今天都會按時度過。既然如此，何不把明天的煩惱留到明天，專心享受當下快樂的生活呢？

然而生活中卻有很多人經常預支明天的煩惱，結果不但沒有解決明天的煩惱，反而喪失了當下生活的快樂。

丹麥有個民間故事，說的是一個鐵匠，家裏非常貧困。於是鐵匠經常擔心：「如果我病倒了不能工作怎麼辦？」「如果我賺的錢不夠花了怎麼辦？」結果這一連串的擔心像沉重的包袱壓得他喘不過氣來，使他飯也吃不下，覺也睡不好，身體一天天的越變越衰弱。

有一天鐵匠上街去買東西，突然昏倒在路旁，恰好有個醫生路過。醫生在詢問了情況後十分同情他，就送了他一條金項鏈並對他說：「不到萬不得已的情況下，千萬別賣掉它」。鐵匠拿了這條金項鏈高興地回家了。從此之後，他經常的想著這條項鏈，並自我安慰說：「如果實在沒錢了，我就賣掉這條金項鏈。」這樣他白天踏實地工作，晚上安心地睡覺，逐漸地他又恢復了健康。後來他的小兒子也長大成人，鐵匠家的經濟也寬裕了。有一次他把那條金項鏈拿到首飾店裏估價，老闆告訴他這條項鏈是銅的，只值一元錢。鐵匠這才恍然大悟：「醫生給我的不是一條項鏈，而是治病的方法！」

這則民間故事告訴我們一個簡單卻深奧的道理，不用預支明天的煩惱，只需做好今天的功課，做好今天的功課，就是應對明天煩惱的最好法寶。特別是當我們把心頭的那個沉重包袱放下時，你原來焦慮的那些令人不安後果往往也難以發生。而且，預支明天煩惱還會是種習慣，對人的一生都會產生重大影響。

在撒哈拉大沙漠中，有一種土灰色的沙鼠，每當旱季到來之時，這種沙鼠都要囤積大量的草根，以準備度過這個艱難的日子。因此，在整個旱季到來之前，沙鼠都會忙得不可開交，在自家的洞口上進進出出，滿嘴都是草根，辛苦的程度讓人驚嘆。

但有一個現象很奇怪，當沙地上的草根足以使牠們度過旱季時，沙鼠仍然要拚命地工作，必須將草根咬斷運進自己的洞穴，這樣牠們似乎才能心安理得，感到踏實，否則便焦躁不安。

而實際情況是，沙鼠根本用不著這樣勞累和擔心。經過研究證明，這一現象是由一代又一代沙鼠的遺傳基因所決定，是出於一種本能的擔心。因此，沙鼠所做的事情常常是相當多餘，又毫無意義的。

如果我們也像沙鼠一樣，總是預支明天的煩惱，我們的精力和時間就會造成很大的浪費，而人的一生時間是那樣的短暫，如果浪費在無意義的事情上，就很難集中精力去做一些有意義的事情，我們的人生也很難成功。

然而，不要預支明天的煩惱，並不是說今朝有酒今朝醉，當一天和尚撞一天鐘。而是紮紮實實地做好今天的每一件事，珍惜今天的每一寸光陰，好好把握今天，天天努力，給明天的成功、明天的快樂創造機會！這是一種活在當下的智慧。

不做憂天的杞人，不預支明天的煩惱，才能放下負擔，快樂地生活在此時此刻，享受當下生活的美好。幸福有時就是瞬間的感受，我們為什麼要放棄享受上蒼這番幸福的美意呢？從現在開始，做一個懂得享受當下生活的智者吧。

離社會越遠，社會就離你越遠

時下有一種很流行的詞語叫「宅男、宅女」，似乎「宅」已經成為現代人的一種時尚生活方式。然而，我們的本性依然是一種群居動物，我們「宅」一個週末，甚至一星期、一個月，但我們卻不能永遠的「宅」著，因為，如果你離社會越遠，社會就會離你越遠。

然而，在我們的身邊總是會遇到這樣的一些人，他們總是將自己置身於孤獨的境地，他們不願意與他人交往，不願意參加一些特別的聚會，他們害怕出席各式各樣的慶祝場合和會議，他們只願意把自己封閉在屬於他們自己的小天地裏。對於他人的邀請，他們總是以各式各樣的理由加以拒絕，他們甚至有意迴避與他人相處。他們很少出席公司贊助的特別聚會及節目，他們寧願把錢留作年終獎金之用。他們不合群，不願意湊熱鬧，似乎想要永遠的把自己裝在一個小殼裏，躲避著人群，躲避著社會。

如果你就是上面描述中的一員，那麼你需要意識到你已經有點遠離社會了，這是一個非常不好的習慣，是一個將自己置身於讓他人厭棄地步的習慣。你要知道，你不願意與他人交往，不願意去湊他人佈置的熱鬧，這對你來說只不過是一次與他人同樂的機會，可是對於他人來說，他們會因為你的迴避或拒絕而感到無趣，在他們的眼裏，你是一個掃興的人。一個掃興的人，是不可能為人們所重視的，因而你會逐漸失去在人們心目中應有的位置。大家會漸漸地把你遺忘，會漸漸地把你從他們的印象圈中剔除，讓你成為一個真正的孤家寡人，你只能在自己的孤獨中承受寂寞，而寂寞的生活會讓你喪失很多生活應有的快樂和幸福。

既然如此，你為什麼要用孤獨寂寞取代生活中的幸福快樂呢？你為什麼不能把自己的心胸放開一點呢？你要知道在許多時候，你是必須與他人交往的，如果你不願意，那麼對你的工作和生活都有害無益。如果你還沒有認識到這一點，那麼我提議你從現在開始，嘗試著接近他人，盡可能的參與到他人的熱鬧之中，盡可能的接受所有對你的邀請，盡可能的為自己製造與他人交往的機會，這樣，你會發現與同事們交往原來是件多麼快活的事情。你還會發現，在你與他人的交往中，不僅會使你自己變得開朗快活，同時你也會獲得更多的知識，你肯定會為以往自己的孤立而感到慚愧。那麼沒關係，繼續下去，直到與同事們打成一片，讓你成為他們中自然的一員，到這個時候，你就是一個真正的普通人了。只有在這樣的狀態下，你的工作和生活才能順利、和諧、美滿。

每個人都需要社會的，因為只有在社會中，個人的價值才能得到展現，也只有在社會中，我們才能享受到社會所創造的價值。

一群大雁要飛到暖和的地方過冬，牠們整齊的隊伍像寫在天上的「人」字。

有一天，一隻年輕的大雁突然離開隊伍，自己飛走了。牠一邊飛一邊想：「我為什麼一定要排著隊伍呢？多不自由呀！」牠飛呀，飛呀。漸漸地，牠感到吃力了，身體也越來越重了。這時，牠才後悔不該離開團體。

正在這時，一隻年長的大雁飛來接牠，牠好奇的問：「為什麼離開隊伍，就飛不動了呢？」

年長的大雁和藹的告訴牠：「大家排隊飛行，把周圍的空氣扇動起一股向上和向前的氣流，藉著這股氣流，每隻大雁飛起來就能省一點力。你離開隊伍，沒辦法利用氣流幫忙，所以很快就累了。」

年輕的大雁明白了，牠跟在年長的大雁後面，去追趕隊伍。

我們不要做那隻飛離雁群的年輕大雁，我們應該明白社會對於我們個人的價值和意義，應該認識與其他人分工合作的價值及利益，不要再抱著「我可以獨力應付」的態度，有需要時，找其他人幫忙。找尋分工合作的樂趣，表現自己抱有正面的態度、見解及士氣。自告奮勇的接受工作，並與那些成功及有趣的人為伴。這樣，我們才不會被社會拋離。

也許社會沒有給你公正的待遇，也許你對社會的付出沒有得到應有的回報，但無論如何，我們都不能脫離社會，只要你堅持不懈的努力，社會終將會給你應有的回報。然而，如果你因此而脫離社會，你的價值就永遠無法得到展現，你最終還有可能會體驗被社會遠離的惡果。要知道，一撇一捺為一人，切不可孤身一人；三人為眾，人要到人群中去，才會有無窮無盡的力量。

一隻自以為能幹的蜜蜂和蜂群鬧了意見。牠覺得自己做的工作太多，可是吃的蜜卻很少，牠抱怨大家對牠不公平，忘記了牠的功勞。

「我在這裏出的力不少，但為什麼只吃一點蜜，這太不公平了！」牠氣憤地叫喊著。「你看，大夥和你出同樣的力，牠們為什麼不吭聲？」別的蜜蜂質問牠。「好，好，你們有種，我這就離開，看你們能做出什麼！」說完，那隻蜜蜂就收拾東西離開了。

當牠離開後，便來到一朵花上，吸了兩三口花蜜，又飛到了另一朵花上，晚上牠吃得飽飽的，於是便飛到了一棵大樹上，躺下睡了。

第二天，天上烏雲密布，蜜蜂醒來後就發現天空不作美，很快一道閃電劃過天空，隨之「轟隆」一聲。那隻離群的蜜蜂被嚇得東躲西藏，這時牠多麼想回到那溫暖的窩呀！可是牠不好意思回去。於是牠便飛到了一片樹葉下，牠決定在這裏避避雨，但這一待就是四個小時，這時的牠又冷又餓，牠只能靠喝雨水勉強維持生命，可是雨水終究不管用，很快牠就堅持不住了，這時牠憎恨自己為什麼要離開大家，牠懷念過去那美好的日子，牠多麼想要活下去，多麼想在生命的最後一刻與牠那朝夕相處的朋友說一聲再見，可是這一切都晚了，牠只能安靜的躺著，慢慢的離開這個世界。

這個故事告訴我們一個殘酷的道理，個人離開了社會是無法生存的。當然了，我們不會成為那隻可憐的蜜蜂，但是，那隻遠離蜂群的蜜蜂卻應該引起我們足夠的警醒。那麼，從現在開始，脫掉那個小殼，積極的融入社會吧。

融入群體，享受家的溫暖

我們是生活在群體中的人，只有在群體中我們才能找到歸屬感，才能感悟到生活的樂趣與存在的意義。只有融入群體，才能享受家的溫暖。

融入群體即是個人對群體的認可，也是群體對個人的認可，這是一種雙方相互認可、相互接納，並形成行為方式上的互補互動性和協調一致性的過程。但不同的人融入群體的速度和過程是不一樣的，那些自制力強、感悟力好的人，融入得自然和諧、順乎情理，被群體接受的程度就高，因此就可能會獲得更多的發展條件和機會。那些自命清高，高傲的人融入的就不和諧，甚至在栽跟頭之後才逐漸學會融入群體。他們被群體接受的程度就低，沒有和諧的人際關係就會喪失很多發展的機會。

個人只是一個獨立的個體，他的作用與價值只有融入到群體中才能展現出來，個人也只有融入群體中去，才能促進自身的發展。因此，在生活中，我們要注意培養與同事、朋友之間的感情，多跟同事分享對工作的看法，多聽取和接受朋友的意見，不要自命清高成為孤家寡人，要跟每一位同事、朋友都保持友好的關係。在群體中，如果你自己被孤立起來，那將是件很危險的事，因為個人離開了群體，他的價值就得不到展現。

在一個花園裏，美麗的紅玫瑰引來了人們駐足欣賞，紅玫瑰為此感到驕傲。紅玫瑰旁邊一直蹲著一隻青蛙，紅玫瑰嫌牠跟自己的美麗不諧調，強烈要求青蛙立即從它身邊走開，青蛙只好順從的離開了。

沒過多久，青蛙經過紅玫瑰身邊，驚訝的發現它已經凋謝，葉子和花瓣都掉光了。青蛙說：「你看起來很不好，發生了什麼事情？」紅玫瑰答道：「自從你走後，蟲子每天都在啃食我，我再也無法恢復往日的美麗了。」青蛙說：「當然了，我在這裏的時候幫你把牠們都吃掉，你才成了花園裏最漂亮的花。」

生活中也有許多像紅玫瑰一樣自命清高的人，總認為別人對自己一點作用都沒有。其實，我們每個人都有需要他人的地方。個人只有在群體中才能展現光芒，因此，在現代生活中，團隊合作能力就成為個人工作能力的一部分。

美國勞工部的一份報告指出：「團隊合作是一種勞動技能，應該在學校裏受到更多的重視。不管對個人在工作職位上的成功，還是美國企業與國內外對手競爭的勝利，這項新技能的傳授是很必要的。」是啊，團隊合作確實也是一種工作能力，雖然企業發展最終靠的是全體人員積極性、主動性、創造性的發揮，但有團隊才會有個人，因此，每個人應當積極地融入到群體中去。

那麼，我們該怎樣培養我們的團隊合作能力，自然和諧的融入到群體中呢？

第一，我們要調整心態，正確的認識同事之間的關係，同事之間雖然有時候會存在競爭關係，但同事之間更應該是相互合作的夥伴，而不是相互競爭的「敵人」。不要把同事當「冤家」，如果把同事當作阻擋自己前途的人，一定難以在公司裏立足，更難以發展。只有互惠互利的關係才可能長久，這是融入群體也能被這個群體接納的一個基本前提。

第二，在生活中不要做「八婆」，到處打聽別人的隱私。社會複雜，每個人為了保護自己的安全，有許多事情是不希望別人知道的。每個同事都有自己的隱私，即使是最好的朋友，也有不該知道的私事。過分關心別人隱私是無聊、沒有修養的低素質行為；過分的關注他人的隱私，必然會招來他人的反感與厭惡。

第三，不要把個人感情帶入群體中。世界上沒有兩片相同的樹葉，自然也沒有完全相同的兩個人，每個人都有自己的喜惡，對很多事物的看法和觀念都帶有自己強烈的感情色彩，但要記住切勿將此帶入群體之中。對於不一致的看法，可以保持沉默，不要妄加評論，更不能以此劃分同類和異己。「相容」會贏得他人對你的尊重與支持，隨和的人肯定能很快的融入群體。

第四，我們要積極參加群體活動，閒暇之時，可以和同事、朋友一起出去參加娛樂活動，比如唱歌、郊遊、跳舞等等，藉此增加彼此間的瞭解與親密。這不僅能讓你獲得更多的快樂和放鬆，稀釋內心的壓力，更有助於培養一個和諧的人際關係。在輕鬆的環境裏獲得良好的人際關係，何樂而不為呢？

第五，平時和朋友、同事談事聊天時，注意說話要有分寸，不能口無遮攔。對於陌生人，可能因為大家都不是很熟悉，說話時更要知道注意分寸，不要想說什麼就說什麼。要懂得不同的場合，對不同的人，有很多話是不能隨意說的，否則會給人留下輕浮、不莊重的印象。但是很多人在面對熟人時，就會毫無顧忌，口無遮攔，往往會發生「說者無意，聽者有心」的情況，因為無心之語而引起的誤會也是常有發生的。所以，我們要記住，無論在什麼時候，面對什麼樣的人我們都需要注意說話的分寸，不要口無遮攔。

第六，在群體中，與他人交往時經濟上要分清楚，對於年輕人來說，ＡＡ制是最佳選擇。一般來說，大家都有收入，經常聚餐遊玩時，最好的處理方法就是採用ＡＡ制。這樣大家心裏沒有負擔，經濟上也都承受得起。千萬不可「小氣」，把自己的錢包看得緊緊的，被別人看輕。

第七，在群體中非常重要的一點就是要懂得團結合作，彼此尊重。在群體中與人相處，應該注意彼此尊重、配合，只有做到了這一點，個人才能得到施展自己才華的機會，在競爭中求得發展。對於老闆來說，他看中的是你的才能與創意能否在這個群體中發揮出活力，能否和同事融成一個整體，而不希望因為你造成了整體的不團結。對於周圍的同事來說，他們更願意與那些工作能力強、具有團隊精神且志趣相近的同事相處。所以，在群體中一定要注意團隊的配合，與人合作。

從現在開始，按照以上建議，不斷的鍛鍊自己的融入群體的技能，積極的融入你生活的每一個群體中，享受家的溫暖。

別再惴惴不安，大膽去相信別人

在現代社會，信任不知何時也成為了奢侈品，我們在報紙、雜誌、電視上看到了太多因為信任別人而上當受騙的例子，於是我們每個人總是用懷疑的眼光揣測身邊的人，信任似乎開始遠離我們的生活。然而，信任卻也是我們生活中最不可少的一件事物，因為如果缺少了信任，我們的生活就失去了陽光，世間就缺少了溫暖。

也許大膽的相信他人不是一件容易的事情，信任一個人有時需要許多年的時間。有些人甚至終其一生也沒有真正信任過任何一個人，倘若你只信任那些能夠討你歡心的人，那是毫無意義的；倘若你信任你所見到的每一個人，那你就是一個傻瓜；倘若你毫不猶疑、匆匆忙忙的去信任一個人，那你就可能會被你所信任的那個人背棄；倘若你只是出於某種膚淺的需要去信任一個人，那麼接踵而來的可能就是惱人的猜忌和背叛；但倘若你遲遲不敢去信任一個值得你信任的人，那永遠不能獲得愛的甘甜和人間的溫暖，你的一生也將會因此而黯淡無光。所以，別再惴惴不安，大膽的去信任別人。

信任雖然只是一種感覺，一種情感，但信任更是一種連接人與人之間的橋樑，它決定人一生的成敗。一九五〇年，美國蘭德公司的弗雷德和德雷希爾兩個專家提出了相關理論，後來由顧問亞伯特以囚徒方式闡述，並命名為「囚徒困境」。基本內容是：員警抓住了兩個嫌疑犯，但證據不足，就給他們三種選擇：一是兩個人都不坦白，各判半年；二是一個人坦白並指證另一個人，坦白的無罪釋放，不坦白的判十年；三是兩個人都坦白，並相互指證，各判兩年。這個假設一經提出，就引起了廣泛關注，直到今天還有很多專家在深入研究和廣泛運用。在這種困境中，只有雙方保持沉默，各判半年，才是最佳選擇。但實驗發現，很多人並不信任對方，為了避免被判十年的厄運，做出了坦白自己、指證他人，最後頂多判兩年的選擇。這從反面證明了：彼此信任才是最關鍵的，尤其對於團體而言。

懂得信任他人的人才會擁有朋友和良好的人際關係，而這些是決定一個人成功的不可缺少的因素。卡耐基曾經說過：「一個人的成功，二〇％靠專業知識，八〇％靠人際關係。」哈佛大學等許多科研機構的調查研究都驗證了這一觀點。在社會分工越來越精細化的今天，我們幾乎所有的活動，都經由人際關係來展開，一個活動能不能取得成功，關鍵是人際關係協調得好不好。人際關係可不可靠，說到底就是看能不能彼此信任、相互支持。正如雷納夫婦指出的：「要想順利開展工作，人們就必須構建相互信任的合作關係。」在美國這樣一個各方面制度都比較健全的國度，信任尚且如此重要，在我國這樣一個歷來重視人倫關係的文化傳統中，其重要性可想而知。

擁有良好人際關係的人，才會獲得更多的機會，曾國藩之所以能夠平步青雲，以一介書生臨危受命並最終完成任務，一個重要原因是他在朝廷的「清議」比較好。從曾國藩的日記來看，他年輕時一天到晚主要做兩件事，一是看書寫字，一是交朋結友。就這樣透過各種管道給朝廷提供資訊，贏得了朝廷對他的信任。同時，也有人經常說他的壞話，動搖朝廷對他的信任。他很多人生際遇，就是在這種正面和負面的資訊影響下，和朝廷的信任關係時而牢固，時而脆弱之中展開的。所以說，是否懂得信任，對一個人的事業成敗有著至關重要的作用。

信任不僅能決定一個人成敗，甚至能夠拯救一個人的生命。

一艘貨輪在煙波浩淼的大西洋上行駛，一個在船尾做雜務的黑人小孩，不慎掉進了波濤洶湧的大西洋。孩子大喊救命，無奈風大浪急，船上的人誰也沒有聽見，他眼睜睜的看著貨輪拖著浪花越走越遠。

求生的本能使孩子在冰冷的海水裏拚命的游，他用盡全身的力氣揮動著瘦小的雙臂，努力使頭伸出水面，睜大眼睛盯著輪船遠去的方向。

船越走越遠，船身越來越小，到後來什麼都看不見了，只剩下一望無際的汪洋。孩子的力氣也快用完了，實在游不動了，他覺得自己要沉下去了。放棄吧，他對自己說。這時候，他想起船長那張慈祥的臉和友善的眼神。不，船長知道我掉進海裏後，一定會回來救我的！想到這裏，孩子鼓足勇氣用生命的最後力量又向前游去。

船長終於發現那黑人孩子失蹤了，當他斷定孩子是掉進海裏後，下令返航，回去尋找。這時，有人勸說：「都這麼久時間了，就是沒有被淹死，也讓鯊魚吃了……。」船長猶豫了一下，還是決定回去尋找。此時，又有人說：「為了一個黑奴孩子，值得嗎？」船長大喝一聲：「住嘴！」

終於，在那孩子就要沉下去的最後一刻，船長趕到了，救起了孩子。

當孩子甦醒過來之後，跪在地上感謝船長的救命之恩時，船長扶起孩子問：

「孩子，你怎麼能堅持這麼久的時間？」

孩子回答說：「我知道您會回來救我的，一定會的！」

「你怎麼知道我一定會回來救你的？」

「因為我知道您是那樣的人！」

聽到這裏，白髮蒼蒼的船長「撲通」一聲跪在黑人孩子面前，淚流滿面的說：「孩子。不是我救了你，而是你救了我啊！我為我在那一刻的猶豫而恥辱……」

能夠完全的被一個人信任是一種幸福，能夠毫無保留的信任一個人也是一種幸福。

然而信任也是人際關係中最重要、同時也是最脆弱的因素，容易受到各種因素，特別是資訊的影響。眾口鑠金、積毀銷骨、口水淹死人、挑撥離間、搬弄是非、嚼舌根等等詞語，都反映了資訊對信任的影響。有時候哪怕只是一句玩笑，都會對信任產生影響，信任有的時候彷彿是易碎的玻璃花。

我們需要在這個脆弱缺乏信任的世界中學會信任，用信任溫暖朋友，獲得友誼；用信任為自己的事業、為自己的人生保駕護航。

訴說痛苦，痛苦就會減輕

當你遇到不開心的事情時，你會怎樣去舒緩你的壓力呢？你會找人傾訴嗎？如果你不曾這樣做，那麼我要告訴你的是，當你遭遇痛苦時，一定要找人傾訴，因為訴說痛苦，痛苦就會減輕。

要學會減輕痛苦的方法，那就是當你覺得承受了太大的壓力，就去找人傾訴，不要深藏在心裏。生活中，男女都會遇到各式各樣的壓力，但女性似乎天生比男性更容易化解壓力。比如，當女性內心壓抑和苦悶時，她可能會找朋友傾訴，以求得理解和幫助，當痛苦難忍時，她甚至會大哭一場，使情緒得以暫時緩解。男性則不同，他們重視事業或嚮往成功，不懂得給自己減壓。為了排解壓力，一些男性常會養成暴飲暴食、過量酗酒和抽煙等不良習慣，但這些行為非但對緩解壓力無助，反而對健康會造成傷害的。正是因為這個原因，四十～六十五歲的男性，心血管疾病的罹患率較女性多出三倍，一方面除了與女性有荷爾蒙激素保護有關外，另一方面則與男性承受壓力較女性為高，平時又沒有好好的發洩出來有關。可見，壓力和痛苦如果得不到及時的釋放，將會極大的損害健康。

所以，我們需要透過訴說來減輕痛苦，當覺得承受了太大的壓力，應當找人傾訴，不要深藏心裏。若遇到不易解決的問題，或不願向家人、配偶說的事情，不妨主動尋求專業人士，如心理醫生的幫助，在傾訴的過程中，可以得到壓力的釋放。這樣不僅有助於減輕挫折和壓力感，而且還能預防疾病。

然而，生活中的很多人可以與人分享歡樂，卻不喜歡與人傾訴痛苦。他們認為，與人訴說痛苦那是懦弱的表現，也會給別人帶去不愉快。其實，在人的一生中，難免會碰到不如意的事情，工作、情感、未來，生活都是真真切切的、密不透風的把我們每個人包圍了，生活在這個圈子裏，想要「解脫」是徒勞無功的，只能與之相融。也因此，心靈要承受的更多，痛苦和挫折不免會光顧我們，人活在世界本就不易，如果在遭遇痛苦時，還要勉強自己死撐著，那麼人情何以堪？

當痛苦來臨的時候，有時候一個人「獨自思量」說不定就上了牛角尖了，也許會弄個「百思不得其解」，這時候倒不如一吐為快，俗話說的好，話是開心之果，這裏說的「開心」不一定就是高興，但至少是打開了一個「心結」，舒坦了！當你傾訴完了，你的百結愁腸也就解開了。

所以，當你痛苦時，不妨找個朋友當你的情感「垃圾桶」，這並不代表了什麼懦弱嬌情。其實，感情發洩是人之常情，即使朋友不在的時候，對著天，對著河，對著樹都可以說，把心中的不快吐出，留著空間放入快樂。

而且，和朋友傾訴你的痛苦，還能拉近彼此的距離。當我們選擇傾訴時，朋友會瞭解我們的經歷，即便不能明白，他們也會知道我們的感覺。當你傾訴的時候，親人或者朋友們會默默的關心、支持你，而我們在親朋好友的安慰中重新建立起生活的信心。那一刻親朋好友的心和我們的心緊緊靠在一起，傾訴完之後，我們的痛苦就會減輕。

現代很多人卻不懂得這個道理，其實，現代人工作壓力大、競爭大、缺少有效的溝通，如果不懂得傾訴痛苦，就有可能造成了很多心理壓力和心靈疾病，比如憂鬱症、焦慮症、強迫症等。這些心靈的創傷很大一部分來自於不能釋放自己的情緒，當內心的情緒被鎖定在生命中無法釋放時，生命的動力、創造力、智慧、人際關係都會被壓抑在其中。正是因為如此，現代社會才會出現那麼多的文明病。

其實，傾訴是人的一種本性。人是一種擁有高階語言的動物，當人有情緒時，都希望釋放與化解。如果這基本的需求都得不到滿足時，人就會尋找其他的方式來釋放生命中的壓力。有的透過身體，有的透過沉默，有的透過幻想，這也造成了人們常說的過動症、憂鬱症、迷戀網咖；還有的抽煙、喝酒、泡夜店；更有甚者透過打架、行兇、吸毒來釋放。其實這一切的表現都來自於人需要釋放的本能。一些人一生起氣來就不能控制自己，做了過火的事情後，又有了天大的悔恨，然後就又尋求其他方式發洩自己的內心感受，如此循環，卻始終找不到排泄內心能量的出口。於是，那些痛苦得不到正當釋放，只能透過畸形方式宣洩著自己情緒的人，成為了一群危害自己、危害社會的人。

那麼，我們怎樣才能學會傾訴，避免成為透過畸形方式宣洩痛苦的人呢？關鍵是改變我們對待「傾訴痛苦」的觀念。其實，傾訴是人與人之間互相理解、互相交往的一座橋樑，是到達彼此內心世界的一把鑰匙，傾訴痛苦也是溝通的一種方式。有了溝通、有了傾訴，再剛硬的人，他的內心也會被融化；有了溝通、有了傾訴，再多的痛苦也能得到釋放；有了溝通、有了傾訴，世界才能有更多的歡笑。所以，讓我們更多的認識傾訴，建立正確的傾訴觀念，傾訴痛苦不是一種懦弱的表現，也不是給他人添麻煩，它只是壓力的一種正當釋放。

請你學會傾訴吧，傾訴快樂，快樂會倍增，傾訴痛苦，痛苦會減輕。在生活中，我們每個人都需要學會傾訴。

找份真摯的友誼來滋潤自己

朋友是我們人生中最寶貴的資源，因為有了朋友，我們的旅途才不會寂寞；因為有了朋友，痛苦的時候，才會有人聽我們傾訴；因為有了朋友，我們的成就才會有人和你分享，失敗了才會有人和你一起分擔。所以，請找份真摯的友誼來滋潤自己吧。

俗話說：「在家靠父母，出外靠朋友。」擁有朋友，在生活中就能為你帶來很多的便利。一個人的力量終歸有限，不可能事事都明白、事事都精通，因此麻煩朋友幫忙，是一個人生活中不可或缺的部分。這種幫助，小到打聽資訊，大到解決眼前困難，總之，不管事情大小，處處都離不開朋友。特別是在我們這個典型的熟人社會，朋友關係早已成為聯結人際關係的主要橋樑之一，朋友成為人們行走江湖的重要資本，是我們人生旅途必不可少的伴侶。

擁有真摯友誼的人是幸福的，因為朋友是無私的，他可以在你快樂時陪你一起瘋，也能在你痛苦時，充當你的垃圾桶。因為那是用心靈、用意志做出的選擇。因為從那個人身上，我們可以找到自己的影子，可以找到我們希望擁有而我們本身卻沒有的東西。友情不像信念，你不會為它不擇手段的去完成，友情也不像愛情，你不會想去獨佔它，它是無私的，古人就說過：君子之交淡如水。於是，世上就流傳下了「高山流水」的佳話。於是，世界才會有那麼多的幸福和感動。

擁有真摯友誼的人是快樂的，因為純潔的友情就如天空中的白雲一樣，它純潔而飄忽不定，卻又總在你孤單、傷心的時候出現。這就是為什麼人總在孤獨的時候去看雲吧。古人就有「望雲思友」的說法，李白就說過：「浮雲遊子意，落日故人情。」雲的潔白，將友情的純潔表現得淋漓盡致。因為友誼如同純潔的雲朵，所以才會有為你而兩肋插刀的朋友，這也許就是人們所說的「玉壺冰心」吧！純潔的友誼總能給人帶來無限的快樂和溫暖。

真摯的友情是石，它能敲出星星之火；真摯的友情是火，它能點燃熄滅的燈；真摯的友情是燈，它能照亮夜行的路；真摯的友情是路，它能引你走向黎明；真摯的友情是黎明，它能給你生命帶來一片光明！真摯的友誼值得用世界最美好的詞句來描述。

而且，真摯的友誼也是永恆的。世界上有三種事物是永恆的，一是信念，一是愛情，另外一個就是友情。友情不會因斗轉星移而磨損其稜角，也不會因晨鐘暮鼓而剝蝕其光澤。友情是一種永恆，就像是你生命中的一盞燈，在你最需要溫暖的時候給你送來溫暖，在你最頹廢的時候給你勇氣，真摯的友情能產生一種力量，它能激昂生命鬥志，讓掉進泥潭的人振奮，讓處於危難的人平安。真摯的友情就像沙漠中的綠洲、洪流中的砥柱，是希望，更是最後的依託，這樣的友誼帶給我們無限感動。所以，世人才會發出「人生得一知己足矣」的感嘆。可見人們對真摯的友情是多麼的崇拜，海記憶體知己，天涯也能若化做比鄰。

那麼，我們怎樣才能獲得一份真摯的友誼呢？友情其實也是很微妙的一種東西，它需要我們精心的培養，勤勞的澆灌。要想獲得一份真摯的友誼，首先需要彼此付出，一個人單方面的付出是不夠的，友誼需要兩個人共同的付出才會有回報，才會收穫到友誼。我們也不能過多的要求我們的朋友為我們做什麼事情，為我們所服務，試著想一想如果你的朋友一味的要求你為他做這做那，你又會有什麼樣的想法呢？你是不是會想這樣的朋友我寧願不要，我寧願不交這樣的朋友，所以不要刻意的要求朋友為你做什麼。但我們自己應該經常想想能為朋友做些什麼，多為朋友付出，這樣你的朋友才會願意為你付出。在這種相互付出的基礎上，你們之間的友誼才會穩固。

其次，在和朋友交往時，要注意我們的言行。雖然朋友之間，談吐行為應直率、大方、親切，不矯揉造作，唯其如此，方顯出自然本色。但如果過於散漫，不重自制、不拘小節，則使人感到你粗魯庸俗。也許你和一般人相處會以理性自約，但與朋友相聚就忘乎所以，或指手畫腳，或信口雌黃、海闊天空，或肆意打斷朋友的話語，譏諷嘲弄，或聽朋友說話時左顧右盼，心不在焉。也許這是你的自然流露，但時間長了，朋友會覺得你有失體面，沒有修養，對你產生一種厭惡輕蔑之感，就會改變對你原來的印象。所以，在朋友面前應保持自然而不失自重，保持熱情而不失禮儀，做到有分寸、有節制，才能贏得朋友永遠的友誼，要知道因為言行而產生誤會致使友誼不復存在的事例其實很多。

再次，我們需要注重在朋友之間培養信任。信任是友誼這棵樹上結出最美麗的花朵，而信任的培養需要從小事做起。你也許不那麼看重朋友間的某些約定，對於朋友之求爽快答應後又中途變卦。也許你真有事情耽誤了一次約好的聚會，或沒有完成朋友相託之事，也許你事後會輕描淡寫的解釋一二，認為朋友間能夠互相諒解，區區小事無足掛齒，殊不知朋友會因你失約而心急火燎，掃興而去。雖然他們當面不會指責，但必定會認為你在玩弄朋友的友情，是在逢場作戲，是缺乏信賴感的人。所以，對朋友之約或之託，一定要慎重對待，遵時守約，要一諾千金，切不可言而無信。對朋友，一定要做一個守信之人，並且需要從小事，從日常中開始做起。

然後，朋友之間也需要一份體貼，當你到朋友家串門時，若遇上朋友正在讀書學習，或正在接待其他客人，或正和戀人相會，或正準備外出等，如果你自恃彼此是朋友，不顧場合，不看朋友臉色，一坐半天，誇誇其談，喧賓奪主，不管人家早已如坐針氈極不耐煩，這樣，朋友一定會認為你太沒教養，不識時務，不近人情，以後就想方設法躲避你，害怕你再打擾他的私生活。所以，每逢類似這種情況，你一定要反應迅速，稍微寒暄幾句就知趣告辭，你要知道，珍惜朋友的時間和尊重朋友的私生活如同珍重友情一樣可貴。所以，分清場合，進退有度，別讓朋友對你感到厭煩，朋友之間也需要一份體貼。

再來，要懂得尊重朋友，要知道朋友也是用來尊重的，是朋友就要同舟共濟，對朋友的意見和建議應認真考慮，適當採納，要知道只有真心的朋友才會經常給你提醒的。如果你無視這一點，一意孤行，堅持己見，無視朋友之言，我行我素，結果自己吃虧，朋友受累。這必定使朋友感到失望，認為你太獨斷專行，不把朋友放在眼裏，是個無為而多事之人，以後日漸疏遠。所以你在遇事決策時，應認真聽取朋友的意見，理解朋友的好心，即使難以採納的意見，也要解釋清楚，使朋友覺得你尊重他。尊重朋友、善納人言，別讓朋友感到你是無為多事之人。只有這樣，朋友才會經常和你聯繫，你們的友誼才能更穩固。

友誼能讓寒夜裏感受到溫暖，能讓炎熱的夏季裏感受到涼風。我們的生活無法缺少朋友，所以，從現在開始，用心的為自己找個真摯朋友吧。

第六章　知曉利害，置身安全的地帶

現代社會早已不是僅靠個人能力就能獲得發展的時代，人生在世，安身立命，處處需要智慧。面對變化，你需要懂得順勢思考，順勢而為；面對被動局面，你需要知曉該低頭時要低頭的藝術；面對成績，你要懂得低調的「平庸」比張揚的「優秀」安全；面對複雜的社會，你要隱藏自己，切勿喜怒形於色，說話辦事需要拿捏好尺度，把握好分寸；而要想獲得成功，還需要慧眼識貴人，背靠大樹好乘涼，也要懂得在謙遜中積攢力量。

總之，做人做事，需要知曉利害，識別輕重，才能置身安全地帶，享受當下生活。

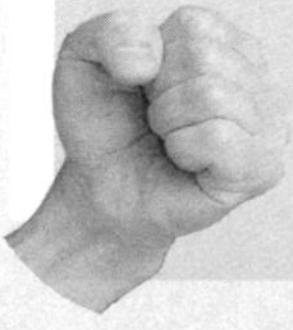

著眼當下，順勢思考

這是一個充滿變化的時代，變革每天都在我們身邊發生，每個角落都在發生翻天覆地的變化。世界日新月異，令人應接不暇。無論是作為個人還是社會一員，快速的變化都要求我們順勢思考，著眼當下迎接變革，適應未來。

誠然，今天我們已經無法像祖輩那樣享受一成不變生活的安寧，快速變化的時代帶給我們沉重的壓力。或許你會選擇拒絕現實、自欺欺人，以求逃避生活中的沉重壓力；你也可以選擇為諸如此類的壓力所困，焦慮不安，在消沉、自憐、絕望的泥沼中越陷越深。但你也可以迎難而上，順勢而為，提高當下生活的適應力。因為變化帶給我們的不僅是壓力，還有機會。

然而面對壓力，面對變化，許多人的行為舉止、工作表現乃至健康狀況都會遭受到影響。他們可能無法及時完成任務或達到目標，也可能圖一時省事，不惜違背規章、敷衍了事；他們可能產生睡眠障礙、頭痛、胃部不適等等症狀，承受壓力的時間久了，甚至可能出現更嚴重的問題。但在同樣的高壓環境中，有些人卻能夠輕鬆適應，不受干擾，正常生活。他們的工作表現、行為舉止和健康狀況之所以不受影響，是因為不同的人適應能力不同，不同的人順勢思考能力不同。

如果你能夠著眼當下，順勢而為，面對生活中的變化並加以創造性利用，你就能為自己創造機會，改善工作與生活的方式。人類卓越的頭腦就像電腦一樣，一直在不斷進化，其處理複雜問題、保障生存條件的能力也越來越強。大腦的天然構造決定了其運轉方式必須適應進化的需要，換句話說，我們的大腦就是一部專門處理新資訊的處理器。如果你的人生沒有變化，日復一日，年復一年，你就失去了自我提高的機會，你的人生也就不能充實、美滿、有意義。所以，我們不應該害怕變化，而應該勇敢的面對變化，提高自己的適應力。

路易士・贊帕瑞尼是適應力的傑出楷模。路易士生長在美國加州，小時候吊兒郎當的他從來不認真讀書，老是惹麻煩，常常和人打架鬧事。他似乎對任何事都不感興趣，是那種常常會讓媽媽掉眼淚的不良少年。當他九年級時參加了學校舉辦的六百公尺賽跑贏得冠軍以後，他的一生便開始改變了。路易士開始訓練自己的跑步，並在運動中鍛鍊自己的適應力。一九三六年他入選了美國奧運代表隊，那一年在柏林舉行的奧運比賽，他參加了五千公尺長跑，成績很不錯，得到第八名，那時候的他只有十九歲，正值青春年華。許多人預測，到了一九四〇年，他會變得更成熟，也會跑得更快，然而沒料到的是，第二次世界大戰爆發了。一九四〇年，一九四四年的奧運競賽停止舉行，路易士錯過了能夠一展才華的大好時機。

面對生活環境的變化，路易士順勢而為，加入了美國空軍。在轟炸敵軍陣地時，他的飛機被擊中墜毀，他雖然僥倖生還，卻被俘虜了。路易士在敵人的陣營裏，面對敵人的嚴刑拷打，靠他自己超強的適應力挺過了折磨，最終逃出了魔掌。

路易士回到盟軍陣營，繼續在美國空軍部隊中擔任轟炸任務。由於機械故障，他的飛機第二次墜毀，掉進了太平洋，他與機組人員面臨著生命危險。路易士保持著堅定的意志，幫助機組人員共同抵禦嚴酷的天氣環境，在沒有食物的情況下等待救援。幸運的是，美國空軍部隊將他們救出了茫茫大海，路易士再度返回崗位，繼續戰鬥。

戰爭結束之後，他回到美國開始經商。在運動生涯以及戰爭中磨練出的適應力，幫助他成為一名成功的執行總裁。

路易士・贊帕瑞尼的適應力成就了他一生的傳奇，一九八四年洛杉磯奧運會，這位奧運傳奇人物親手點燃了奧運火炬。

路易士・贊帕瑞尼的適應力引領他在危機中生存下來，在苦難中堅持下來，並幫助他進一步奮發圖強。儘管如今的路易士已經退休，但他超強的適應能力仍然幫助他過著積極、活躍的生活。

面對生活中的變化，只有不斷提高自己的適應力才能順勢而為，然後在時機成熟的時候，順勢而變。只有這樣我們才不會被社會淘汰，而且還能獲得進步，把逆境轉化為大好機會，讓自己的人生過得更加的有意義。

面對變化，除了懂得順勢思考，提高我們的適應力之外，還應當懂得「識時務者為俊傑」的智慧。古人說：「自古雄才大略之人，皆能順應時勢而成大事，永遠走在時代的前面。」兵法也說：「戰法應該與時遷移，隨物變化」。

鄭莊公時，同父異母的共叔段要謀反篡位，莊公開始表現的無動於衷，但暗地裏密切注意著共叔段的動向，當他確知共叔段已準備妥當之時，覺得已找到誅滅共叔段的合法藉口，於是以迅雷不及掩耳之勢，囚禁了武姜氏，並將共叔段誅滅。

由此可見，能夠準確的識別時機的轉換，是英雄創業的基本素質。鬼谷子在《逸文》中說：「聖人之所以能永垂不朽，就是能把握時機的變化。」所以無論在行動上，還是計畫上，如果不能順應時代的變遷，講求適應環境的策略，只是一味固守己見，絕對是要失敗的。如今我們生活在這樣一個變化多端的世界裏，我們更要懂得順勢的智慧。

世界雖然是瞬息萬變的，但是我們可以以不變應萬變，那就是著眼當下，順勢思考，順勢而為！

「平庸」總比「優秀」安全

古人曰：「棒打出頭鳥」，優秀的人很容易遭人嫉妒，所以有些時候，「平庸」或者說假裝「平庸」反而比「優秀」安全的多。

但「平庸」並不是要你從此自甘墮落，吃喝玩樂的沉淪自己，而是要你保持低調。古人曰：「直木先伐，甘井先竭。」修理房屋，一般所用的木材，多選擇挺直的樹木來砍伐；水井也是湧出甘甜井水的先乾涸。有一些才華洋溢，鋒芒太露的人，雖然容易受到重用提拔，可是也容易遭人暗算。所以聰明的人從不輕易炫耀自己的才能，而是經常保持低調，在行動上不前不後，保持中庸，這樣的生存哲學雖然有點保守，但這確是競爭中的生存智慧。

拿破崙曾經說：「有才能往往比沒有才能更危險；人不可避免的會遇到輕蔑，卻更難不變成嫉妒的對象。」所以，越是有才華的人就越要保持低調的智慧。即使你有大志向，低調做人也並不是苟且偷生，而是一種以退為進的謀略。老子主張：「無為而民自化，我好靜而民自主，我無事而民自富，我無欲而民自樸」。又說：「上善若水，水善利萬物而不爭」。水因為安於卑下，不爭地位，善利萬物，終歸大海，所以才能保全自己。溪流和江海一樣，成為眾水的統領。所以說，看似平庸，實則是大智慧。

當遇到不利的情況或者對自己可能造成傷害的情況時，萬萬不能憑一時衝動辦事，而應毫不猶豫的將自己隱蔽起來，切勿逞匹夫之勇，而毀壞自己的前程。所以我們要做一項事業，在實力和規模還不足以搏擊長空的時候，就不能與人家硬拚，而應該在不顯山、不露水中悄然發展。在不被人關注的崗位上工作，很少與別人發生矛盾，你的秘密也不容易被人知曉，你可以節省許多寶貴的時間，來靜心的做自己的事，而不會有人來妨礙你。

人生如棋，有時不妨先理智的後退一步，結果卻能化險為夷，出奇制勝。做人應當有彈性，選擇了彈性，就意味著選擇了快樂。

有一位留學美國的電腦博士，畢業後在美國找工作，結果接連碰壁，許多家公司都將這位博士拒之門外。這樣高的學歷，這樣吃香的專業，為什麼找不到一份工作呢？

萬般無奈之下，這位博士決定換一種方法試試。他收起了所有的學位證明，以一種最低身分再去求職。不久他就被一家電腦公司錄用，做了一名基層的程式輸入員。這是一份稍有學歷的人都不願去做的工作，而這位博士卻做得兢兢業業，一絲不苟。沒過多久，上司就發現了他的出眾才華：他居然能看出程式中的錯誤，這絕非一般輸入人員所能比的。這時他亮出了自己的學士證書，老闆於是給他調換了一個與之相襯的工作。過了一段時間，老闆發現他在新的崗位上遊刃有餘，還能提出不少有價值的建議，這比一般大學生高明，這時他才亮出自己的碩士身分，老闆又提升了他。

有了前兩次的經驗，老闆也就比較注意觀察他，發現他還是比碩士有水準，其專業知識的廣度與深度都非常人可比，就再次找他談話。這時他才拿出博士學位證明，並闡述了自己這樣做的原因。此時老闆才恍然大悟，於是就毫不猶豫的重用了他，因為對他的學識、能力及敬業精神早已全面瞭解了。

懂得轉換思路，低調做人的博士是聰明的，如果他不懂得放低姿態，不透過實際工作一次次的展現自己的才華，而是一味的展示自己的優秀，那麼他就得不到展示才能的工作機會，就不能踏上成功之途。

低調做人，不僅可以保護自己，使自己與他人和諧相處，患難與共，更能使自己暗蓄力量、悄然潛行，在不顯山、不露水之中成就偉業。低調做人是做人成熟的標誌，是為人處世的一種基本素質，也是一個人成就大業的基礎。向日葵在籽粒尚不飽滿的時候，鑲嵌著金黃色的花瓣，高昂著頭，隨著太陽的升起和降落，搖來晃去，唯恐別人看不到它。一旦籽粒飽滿它便會低下沉甸甸的頭，因為它成熟了、充實了。

低調的人永遠比那些張揚的人更容易得到大家的贊同，也更容易得到成功的機會。因為，低調做人的人相信：給別人讓一條路，就是給自己留一條路。低調做人的人懂得：才高而不自諭，位高而不自傲。做人不可過於顯露自己，不要自以為是，更不該自吹自擂。低調做人的人知道：要想贏得友誼，就必須平和待人；要想贏得成功，贏得世人的敬仰，就必須學會低調做人，那些成功者往往是恪守低調作風的典範。

低調做人也是一種美德。它是一種境界、一種風範，更是一種思想，一種明者的胸襟，是做人的最佳選擇。

低調的「平庸」是一種智慧和修養，它能使人成為「常青樹」；而那些張揚、鋒芒畢露的「優秀」，卻只是曇花一現的美麗。

學會隱藏自己，切勿喜怒形於色

人都是有七情六慾，喜怒哀樂是我們生活中的交響曲，因為有了喜怒哀樂，我們才能被稱之為人；因為有了喜怒哀樂，我們的生活才會豐富多彩，人生才會百味雜成。所以說，人不可能毫無表情，每一種表情都會表示你的一種心情，一種內心的想法。正因為如此，我們要學會隱藏自己，不能喜怒都形於色。

自古以來，凡是成功者很少有因外界的事物而亦喜亦憂的。當然，人有時會高興，有時候不免憂愁，但千萬不要被情緒所左右。有高興的事，表現在臉上無妨，但悲哀的事就盡量不要表現出來。因為將一切都表現在表面上，更會促使情緒強烈化，而不能忍受悲哀，如把憤恨表現在臉上，恨也會加倍。因此，成功立業之人，對這方面都盡量不形於色。

在生活中，喜怒不形於色的人是能夠成大事的。此種人並非是卑躬屈膝，裝出笑臉，更不是為了奉承上司，強露笑齒，而是始終保持自然的神態，喜怒不形於色。

當你有不愉快的事，突然被上司瞭解到，並因你不形於色感到奇怪，你應該高興。因為上司會覺得：這個人遇到這種情況仍臉色不變，究竟此人是怎樣的一個人呢？而無法透知你的底細。

當你被大家認定是不會隨便改變臉色的人，你的上司可能早已在心裏對你敬畏三分。無論上司如何罵你、嘲諷你、冷淡你，你都能默默忍受，連眉頭都不皺一下，這種修養需要有相當的自信才可做到。

當你失意或得意時，都能泰然自若，不表現出不悅之色或驕矜之色，旁人看來，會覺得你很了不起。

不管你心裏有多大波濤在起伏，你都不要表現出來，都要藏在心裏。這樣做的原因有二：其一是你心裏的事是你自己的，讓別人來一同承受是不公平的。其二，你都表現出來，別人會覺得你這個人太淺薄，沒有「心機」，什麼事都沉不住氣。

要做到喜怒不形於色，確實不是一件簡單的事情，它要求我們在生活中要做到得意而不忘形，憤怒而知自控。

有「未來總理」之稱的澳大利亞頭號年輕政治家約翰·布洛戈登，因為得意而在酒會上忘形，做出了超常失態舉動，於是被迫宣布辭職，自毀大好前程。

布洛戈登此前被澳大利亞各方看好，認為他最有可能在二〇〇七年的全國競選中脫穎而出，成為澳大利亞年輕的總理。布洛戈登痛失良機應了「得意不能忘形」的俗語。一次，他參加澳大利亞旅館協會舉行的酒會時，因為其多年的政治對手鮑勃·巴爾剛剛辭職，心情痛快的他一口氣喝了六瓶啤酒，不勝酒力的他立即醜態百出：先是跟幾個金髮女郎亂調情，然後笑稱巴爾的馬來西亞裔妻子是「郵購新娘」。

巴爾對布洛戈登的言辭十分不滿：「我沒辦法接受他的道歉，因為他那般話不僅給我的妻子海倫娜造成了莫大的精神傷害，而且也深深的刺傷了跟我妻子一樣背景的其他公民。」巴爾的妻子海倫娜十七歲時，從馬來西亞到澳大利亞求學，畢業於雪梨大學，後來成為成功的生意人，並且在澳大利亞政界因熱情而聲譽頗佳。

澳大利亞總理霍華德強烈譴責布洛戈登的言論：「那樣說真是大錯特錯了。我跟海倫娜熟悉，她是一個非常大方熱情的人，那樣的言論怎麼也不應該說。」

後來，布洛戈登在當天匆忙舉行的記者招待會上，神情尷尬的表示，他對自己的「不恰當舉止」表示道歉，並將辭去自由黨黨魁一職，這同時意味著他失去了成為澳大利亞總理的機會。

因為得意時不懂得隱藏自己的情緒，放縱自己的情緒，布洛戈登毀掉了自己的大好前程。不但得意時不能忘形，憤怒時也需要學會控制情緒。

之前世界女子網壇NO・1的薩芬娜，世界女子網壇排名第一，薩芬娜卻每每決戰時刻總是自我繳械，多少讓人有些迷惑不解。薩芬娜卻頂著另一項使她尷尬無比的頭銜—沒有大滿貫頭銜的世界NO・1。

這是因為薩芬娜在心智上還不夠成熟，賽場上充斥著薩芬娜沮喪、失落、憤怒摔拍的非理性場景。因為薩芬娜沒有很好控制自己的情緒，在羅蘭加洛斯，薩芬娜被塞爾維亞美少女伊萬諾維奇直落兩盤落敗。年初澳大利亞網球公開賽，薩芬娜僅堅持一個小時就倒在了小威廉絲拍下，接著是現在〇比二不敵同胞庫茲涅佐娃，同樣被橫掃，薩芬娜得到了三個亞軍銀盤，這讓對手庫茲涅佐娃都為薩芬娜惋惜。

「她打得真的太緊張了，她給自己施加了太多壓力。」庫茲涅佐娃說，「而我只是走進賽場，這只是另一場比賽。」庫茲涅佐娃決賽前後表現冷靜，薩芬娜又何嘗不想如此。決戰前，薩芬娜甚至還在有意給自己減壓：「我已經是世界第一，沒有人能從我這裏把它奪走，這讓我輕鬆了不少。」

但是年輕的薩芬娜還是沒能控制好自己的情緒，再次與大滿貫冠軍無緣。

確實，沒有一定的知識和閱歷支撐，我們很難做到喜怒不形於色。然而隱藏自己，喜怒不形於色卻是我們必須學會的生存之道。

所以，在複雜社會中生活的我們，要懂得隱藏自己，控制自己的情緒，才能不辜負當下的各種努力，否則過分的張揚只會為自己在成功之前招來不必要的麻煩，讓自己當下的努力毀於喜怒形於色的情緒。

拿捏尺度，把握分寸

說話做事都需要拿捏尺度，把握分寸。超出了一定尺度，沒把握好分寸，好話會變成壞話，好事會變成壞事。所謂的「真理往前一步便是謬誤」，說的也是這個道理。

古人云：「待人而留有餘，不盡之恩禮，則可以維繫無厭之人心；禦事而留有餘，不盡之才智，則可以提防不測之事變。」說的就是說話辦事要留有餘地的作用。待人辦事如此，說話更是如此，我們要懂得適可而止的藝術。

其實生活中很多不如意是自己造成的，說話不注意分寸，隨意公開談論他人，隨意開玩笑，想說什麼就說什麼，想怎麼說就怎麼說；做事也不把握尺度，做好事要感謝，舉手之勞亦邀功。結果平白的得罪了很多人，弄僵了人際關係，為自己的人生道路設置了很多障礙。

俗語說的好：「人情留一線，日後好見面。」凡事多些考慮，留有餘地，總能給自己留條後路。這在外交辭令中是見得最多的，每個外交部發言人都不會說絕對的話，要麼是「可能，也許」，要麼是含糊其辭，以便一旦有變故，可以有迴旋餘地。話不說絕，事不做過，是成為一個成熟老練的基本功。

然而，生活中總有一些人不懂得說話做事要留有餘地。他們不知道杯子留有空間，才能在輕輕晃動時不把液體溢出來；氣球留有空間，才不會因輕微的擠壓而爆炸；人說話留有空間，是為了防止「例外」發生而讓自己下不了台。他們覺得自己的見解沒有錯，容易把話說滿，根本不容分辯，於是馬上蓋棺定論，不留餘地。這些自以為是，說話辦事不留有餘地的人，最後受害的反而是他自己。

某公司新研發了一個品項，老闆將此事交給了下屬小劉，問他：「有沒有問題？」

他拍著胸脯回答說：「沒問題，放心吧！」

過了三天，沒有任何動靜。老闆問他進度如何，他才老實說：「沒有想像中那麼簡單！」

雖然老闆同意他繼續努力，但對他拍胸脯的信誓旦旦已經開始懷疑。

那些說到做不到的人很容易引起他人的反感，想想看，誰願意與一個大話連篇、吹得天花亂墜、實際行動卻不見幾分的人打交道呢？說的比唱的好聽，難免讓人覺得你華而不實，難以信任。不如低調一點，做的比說的多，多做事少說話，用實際行動證明自己的價值。把話說得太滿、太大，就像把杯子倒滿了水，再倒就溢出來了；也像把氣球灌飽了氣，再灌就要爆炸了。不如留有一點餘地，自己何時都能從容轉身。凡事留三分，做的比說的好，這樣才能展示自己的才華，又能得到他人的肯定。

人們活著，不僅是為了生存，而是為了做成一些事情，成就一番事業。我們辦事要像廚師燒菜一樣，掌握火候，要因時而變，因事而變，因人而變，才能把事情辦好。若辦事太死、太亂，到頭來，只會將本該成功的事在片刻之間化為烏有。

然而，說話做事能拿捏好尺度、把握好分寸也不是一件容易的事，我們該如何練就這樣的智慧呢？

首先，在做事的時候，對別人的請託可以答應接受，但最好不要「保證」，應代以「我盡量、我試試看」的字眼；上司交辦的事當然要接受，但不要說「保證沒問題」，應代以「應該沒問題、我全力以赴」之類的字眼，這是為了萬一自己做不到所留的後路，而這樣說事實上也無損你的誠意，反而更顯出你的謹慎，別人會因此更信賴你，即便事情沒做好，也不會太責怪你。用不確定的詞句可以降低人們的期望值，你若不能順利的做成某件事情，人們因為對你期望不高，最後總是能諒解你，而不會對你產生不滿，有時他們還會因此而看到你的努力，不會全部抹煞你的成績；如果你能出色的完成任務，他們往往喜出望外，這種增值的喜悅會給你帶來很多好處。

其次，說話的技巧更能展現一個人的素質，因為語言更為直觀，所以說話準確、流暢、生動，是衡量一個人思維能力和表達能力的基本標準，也是考核其是否具備社會競爭能力的重要標誌。無論何時，我們說話的時候都要提醒自己，要給自己留餘地，使自己可進可退，這好比在戰場上一樣，進可攻、退可守。這樣有了牢固的後方，出擊對方又可及時的退回，自己依然處於主動的地位。這樣雖然不能保證自己就一定會是處於戰無不勝的地位，但是至少可以保證自己不會敗得一塌糊塗。因此，說話時一定要把握好分寸與尺度，具體來說可以從以下幾點著手提高我們說話的技巧：

第一，話不要說過了頭，違背常理

事物都有自己存在的道理，人事也有自己存在的情理。說話時，如果違背了常理，就會給別人留下把柄。因此，在談話時，要記住話不要說過了頭，違背了常理。

第二，話不要說得太絕對

在談話時，即便是我們絕對有把握的事，也不要把話說的過於絕對，絕對的事情容易引起他人的挑剔。而現實是，如果對方有意挑惕，還真能挑惕出來。與其給別人一個挑剔的藉口，不如把話說得委婉一點。同時，如果我們不把話說得絕對，我們還可以在更為廣闊的空間與對方周旋。

第三，話要說得委婉

當我們為了某個目的與他人談話時，話就要說的圓潤一些，話說得太直會激惱對方，即便是理在己方。說的圓潤一點，能給我們留下一定的迴旋餘地，從容地達到我們談話的目的。

總之，說話辦事要拿捏好尺度、把握好尺度，做到不卑不亢，圓滑中有果斷、果斷中有圓滑，做到：「到什麼山唱什麼歌，見什麼人說什麼話。」讓你的話合乎人心，給人如沐春風之感，自然柔和親近，言聽計從；同時，我們還要記住老人們常說的：「出門看天色，進門看臉色。」辦事要善於洞察人心，尤其是當你有求於人時，更要見機行事，剛柔並濟，才能逢凶化吉，轉難為易，從而促使你辦事水到渠成。懂得了說話辦事的尺度與分寸，你就會在成功之路鋪下堅實的路基。

尋找當下貴人，背靠大樹好乘涼

當我們遇到困難的時候，我們都很希望有貴人來相助，因為背靠大樹好乘涼嘛！而現實情況確實如此，那些成功的人，在其通往成功的道路上也都或多或少的有貴人相助。

華倫・巴菲特，這位二〇〇八年《富比世》全球富豪榜上的狀元，替代蟬聯十三年的比爾・蓋茲成為世界首富的人，在他的一生中也因為有貴人相助才成就了他的輝煌。

華倫・巴菲特被人津津樂道的是他獨特的投資眼光，獨到的價值理念和不敗的投資經歷。然而，除了投資天分外，巴菲特很早就知道去尋找能對自己有幫助的貴人，這也是他的過人之處。

巴菲特原本在賓夕法尼亞大學攻讀財務和商業管理，在得知兩位著名的證券分析師—本傑明・格雷厄姆和大衛・多德仕教於哥倫比亞商學院後，他輾轉來到哥大，成為「金融教父」本傑明・格雷厄姆的得意門生。

大學畢業後，為了繼續跟隨格雷厄姆學習投資，巴菲特甚至願意不拿報酬，直到巴菲特將老師的投資精髓學成後，他才出道開辦了自己的投資公司。

事實上，翻看每一個成功企業家的發達史，他的背後肯定都有貴人相助。貴人可能是通向成功的捷徑，也可能是困頓時的救命稻草。在某種程度上，能否得到貴人的青睞是成敗的關鍵因素。

所以說，尋找出我們生命中的「貴人」能夠助我們早日成功。那麼，我們怎樣識別貴人呢？所謂的「貴人」其實是生命中能夠引導我們走上成功之路的人，給我們提供機會的人，祝福我們的人。我們大體上可以把「貴人」分為社會範圍的貴人和個人範圍的貴人。個人範圍內的貴人，往往受特定條件的限制，也就是說，當你在生活當中從某一個人身上直接或間接的受到某種影響時，你會認定對方是自己的貴人。如父母親、導師、朋友等。

其實，我們每個人在生命中都會遇到貴人，我們從呱呱墜地到長大成人，在自己的周圍無意間碰上無數個貴人。只是我們平常沒有察覺到，至少當時沒有意識到某某人就是我們的貴人。配偶、子女，還有同事、學校老師、親朋好友，這些人都可以是我們的貴人，至少其中有不少是我們的貴人。還有我們的鄰里街坊、我們的周圍的人……這些生活在我們身邊，通常以極其平凡的面孔出現的人，都有可能成為我們的貴人。貴人遠在天邊，卻也近在咫尺。

一個人要成功，必須遇上眾多個人範圍內的貴人。沒有貴人的社會一定會走進苦難的深淵，沒有遇上貴人的個人同樣會碰到諸多挫折，甚至會誤入歧途。貴人對每一個想要獲得成功的人來說都是無價之寶。所以，慧眼識貴人，至誠待貴人，使其充分發揮貴人的作用，對一個社會來說，尤其對一個想要成功的個人來說，是一個非常重要的課題。那麼，我們如何靠自己在茫茫人海中尋找屬於我們的貴人呢？

那些願意無條件挺你的人就是你要尋找的貴人。當他願意無條件的挺你，只因為你是你，他相信「你」這個人，他接受你。一個願意接受我們的人，他肯定是我們的貴人。當他知道有小人在你背後中傷你，說你的不是，他會挺你，幫你說好話來澄清！

那些願意和你分擔、分享的人，就是你要尋找的貴人，願意陪你一起度過風雨的夥伴，是你的貴人。很多人會在有難時離開你，但是當你有成就時，他們就想要和你一起領功，沒分擔，只要分享，這肯定不是你的貴人。

那些願意教導及提拔你的人就是你的貴人，他看到你的好，同時也瞭解到你的不足之處，他能協助你，提拔你，他不嫌棄你，不是你的貴人，是什麼？

那些願意欣賞你長處的人就是你的貴人，一個願意發現你的長處、欣賞你的長處、接納你的長處的人，肯定是你的貴人。

那些願意不放棄而相信你的人就是你的貴人，貴人是不會放棄他的組員的，貴人會相信對方。貴人會視對方無罪，一直到對方被定罪為止，這代表貴人會完全相信他的夥伴，全力支援他。

那些願意默默支持你的人是你的貴人，如果他願意為你，只因為你是你，那你肯定很幸福，因為他處處為你著想，他們就像我們的小天使，在我們身旁守候著我們，希望我們的努力及付出變得更有價值。他們從來沒有放棄過你，默默地在幕後支持著你，他就是你的貴人。

當然了，要使貴人光臨你的身邊，一方面要學會慧眼識貴人，如果找到了貴人，那麼應該盡量給他創造一個精神上、心靈上寬鬆的環境。也可以積極尋找一個能夠成為自己精神上的貴人，或者跟他學，或者跟他交流感情，這些都是在尋找貴人當中不可缺少的事情。但同時，要讓貴人幫助你，助你成功，你不能守株待兔，什麼事都沒做，只等待貴人的出現，靠自己的努力非常重要，在努力的過程中有貴人出現，我們的努力和付出會更快及更容易見效。所以，在尋找貴人的過程中也要做個有準備的人才行。

貴人只留給那些有準備的人。你的上司、朋友、同學、老師、客戶，甚至是一個路人都有可能成為你的貴人。做一個有心人，就會在周圍看似平凡的面孔中尋找到你的貴人。但也要做一個有準備的人，讓貴人看到你的潛力，願意幫助你。

貴人是我們成功背後隱形的翅膀，一直支撐著我們，好讓我們能飛得更高和更遠。所以，請積極的尋找當下的貴人。

謙虛做事，不驕不躁

低調、謙虛、不驕不躁的人是很容易真正受到歡迎的，這樣的人很容易相處，能夠得到大家的信任和支援。所以，一個謙虛做事，不驕不躁的人才容易獲得成功，才容易享受在當下。

何晶是新加坡總理李顯龍的夫人，隨著李顯龍的宣誓就職，何晶也開始走到了新加坡的政治前台。何晶是位精明能幹卻始終非常謙虛、不驕不躁，尤其不願被媒體曝光的商業女強人，因此對於她的身世和成就，在新加坡鮮為人知。如今，隨著夫君正式宣誓就職，何晶不得不開始在媒體面前「曝光」。

不過，如果稍加留意就不難發現，在美國《財富》雜誌首次選出亞洲二十五位最具影響力的企業家排行榜上，何晶排名第十八位，與索尼集團行政總裁出井伸之、日本豐田汽車社長張富士夫及香港富商李嘉誠齊名。只是當時並沒有多少人將她與李顯龍聯繫在一起。

身為新加坡官方最重要的投資控股公司─淡馬錫控股公司執行董事的何晶，目前掌管著新加坡遍布全球各地的數百億美元資產。淡馬錫控股公司成立於一九七四年，轄下大型企業包括新加坡航空公司、新加坡電信、新加坡發展銀行乃至世界有名的新加坡動物園等。

她在一次接受媒體的採訪時曾說：「我和他(李顯龍)時常意見相左，但我們在這些問題上常做有益的辯論。李顯龍(當時)雖然是財政部長，但他不能做任何片面決策，他只是一個團隊的一份子而已。」

新加坡雖然是一個小國，但在亞洲來說卻是一個經濟強國，身為新加坡的第一夫人，何晶卻喜歡樸素裝扮，她經常留著一頭短髮。喜歡舒適樸素裝扮的何晶，曾在美國接受電子工程教育，因此她也是一位出色的政府學者。在一九八五年嫁給李顯龍時，何晶正在新加坡國防部任職，當時李顯龍剛以准將一職自軍中退役。

當記者問她為什麼這麼低調、謙虛時，何晶對記者講了一個寓言故事：兩隻大雁與一隻青蛙結成了朋友。秋天來了，大雁要飛回南方，三個朋友捨不得分開。大雁對青蛙說：「要是你也能飛上天多好呀，我們就可以經常在一起了。」青蛙靈機一動：牠讓兩隻大雁銜住一根樹枝，然後牠自己用嘴銜在樹枝中間，三個朋友一起飛上了天。地上的青蛙們都羨慕的拍手叫絕。這時有人問：是誰這麼聰明？那隻青蛙生怕錯過了表現自己的機會，於是驕傲的大聲說：「這是我想出來的……」話還沒說完，牠便從空中掉下來了。

所以說，謙虛而坦誠的生活，沒有人把你看成是卑微、怯懦和無能的。如果你老是驕傲的鋒芒畢露，你就會有被埋沒的危險。

現代人最大的問題，就是太把自己當回事，總以為自己很了不起，於是驕矜之氣盛行。驕橫自大的人，不肯屈就於人，不能忍讓於人。做上司的過於驕橫，則不可能很好的指揮下屬；做下屬的過於驕傲就會不服從上司；做兒子的過於驕矜，眼裏就沒有父母，自然不會孝順。所以說，謙恭、禮讓、不居功自傲是現代人要學習的一門課。只有戒驕戒躁，約束自我，虛心地向他人請教學習的人，才能越來越有成就。

俗話說：「滿招損，謙受益。」才華出眾而又喜歡自我誇耀的人，必然會招致他人的反感，暗中吃大虧而不自知。有鋒芒也有魄力，在特定的場合顯示一下自己的鋒芒，是很有必要的，但是如果太過，不僅會刺傷別人，也會損傷自己。做大事的人，過分外露自己的才能，只會招致別人的嫉妒，導致自己的失敗，無法達到事業的成功，更有甚者，不僅因此失去了政治前途，還累及身家性命，所以有才華要隱而不露，懂得在謙遜中儲存力量。

看過電影《特洛伊》的人，想必都會記得特洛伊王國是怎樣被毀滅的。特洛伊人與入侵的希臘聯軍作戰，雙方互有勝負，後來聯軍中有人獻計，假裝全部撤退，留下一匹大木馬，並將勇士藏在馬腹內，其他的主力部隊則躲在附近。特洛伊人望著遠去的艦隊，高傲自大以為自己真的將敵人打敗了，於是將木馬拖入城內，歌舞狂歡，飲酒作樂。就在他們進入夢香之時，木馬中的敵人紛紛跳出，打開城門，裏應外合，於是特洛伊滅亡了。

所以說，人無論在逆境還是順境都要保持一顆謙遜的心，謙遜是工作、生活成功的重要一環。只有謙遜才能夠保持不驕不躁的心態，這樣才能在面對工作中的小摩擦和小成就時保持平和的心態，同時也是下一次成功的基礎。

如果要想在生活和工作中功成名就，就要謙遜做事，避免給別人造成太張揚的印象，在謙遜中不斷累積經驗與能力，為當下鋪平道路。

第七章　豁達處世，造就平和的心境

人類是群居的動物，所以人與人之間免不了需要互相打交道。既然需要與人相處，那麼難免會發生一些矛盾與摩擦。心胸狹隘的人就會因此而惹是生非，種下苦根；而聰明人卻能把「寵辱不驚」視作一種境界，以平和的心態豁達處世。

其實，生活中矛盾與摩擦大多數不是什麼原則問題，有許多都是無意中引起的。只要保持清醒的頭腦，互相謙讓，互相諒解，問題是不難解決的。即使有人故意冒犯了自己，也要保持理性，冷靜對待、寬容待人，哪怕自己因此吃點虧也沒有關係。內心大度的人大多都會淡泊名利、性格開朗、處世豁達，這樣的人往往能保持良好的心理狀態，生活也能順心如意。

生活就像大海，要想成功的駕馭人生這艘船在大海裏航行，平和的心境、豁達的處世態度是必不可少的。

海納百川，有容乃大

民族英雄林則徐在書室題有一副自勉聯：「海納百川，有容乃大；壁立千仞，無慾則剛。」說的多好啊，「海納百川，有容乃大」胸懷要像大海能容納無數江河水一樣的寬廣。豁達大度、胸懷寬闊，以容納和融合來形成超常大氣，這是一個人有修養的表現。

與人相處，總是免不了有一些矛盾和摩擦的，生活中「勺子碰鍋沿」的事是不可避免的。有時候不被理解，以至於委屈，甚至遭到誣陷。有人認為容忍吃虧、受氣、丟面子，是懦弱的表現。其實寬容忍讓是一種美德與修養，寬容也是豁達大度的表現，人的一生，不愉快的事情十有八九，有的事情還會讓你怒火中燒，此時此刻最能展現一個人的涵養、氣質和風度。為人處世，只能得不能失，吃不得半點虧，受不得半點氣是不切實際的，也是不利的。

其實，生活中的事情沒有什麼對和錯，重要的是靠自己看得開，自己過得開心。生活品質很重要，但是生活態度和為人更加重要，調整自己的看法，原諒別人，也是在體諒自己。在與人的相處中，寬容是最有效的解決矛盾和摩擦的途徑，退一步海闊天空。想想看，人非聖賢，孰能無過呢？

如果面對別人的過錯，我們不能寬容，那麼一旦我們自己犯錯了，別人又如何能寬容我們呢？所以，明智的人會選擇寬容，既容許人犯錯誤，更容許人改錯。而愚蠢的人會選擇冷嘲熱諷，給犯錯誤的人無情的攻擊，等到有一天自己犯錯的時候，也沒有人會給予他寬容和改錯的機會。歌德說：「人不能孤立的生活，他需要社會。」良好的人際關係，不僅能給人生帶來快樂，而且能助人走向成功。而寬容的品質則是建立良好人際關係的基石，在相互寬容諒解中求得共同的發展和進步。

寬容就像大海一樣博大精深，是一種境界和意境，是人的涵養，它是處世的經驗，待人的藝術，為人的胸懷；它能包容人世間的喜怒哀樂，使人生躍上新的台階；與別人為善，就是與自己為善，與別人過不去就是與自己過不去，只有寬容的看待人生和體諒他人時，我們才可以獲取一個放鬆、自在的人生，才能生活在歡樂與友愛之中。面對失敗時多一份寬容，停止對自己的申訴，心中就會少一份懊悔和沮喪，就能在心底扶起一個堅強的自我。寬容別人也是寬容自己，保護自己，給別人留一些空間，你自己將得到一片藍天。一個寬容的人，用微笑面對別人的過失，他的生活也會因此而美好。

擁有胸懷廣闊的人能夠獲得他人的敬重，因為寬容是一種偉大的美德。

藺相如因為「完璧歸趙」有功而被封為上卿，位在廉頗之上。廉頗很不服氣，揚言要當面羞辱藺相如。藺相如得知後，盡量迴避、容讓，不與廉頗發生衝突。藺相如的門客以為他畏懼廉頗，然而藺相如說：「秦國不敢侵略我們趙國，是因為有我和廉將軍。我對廉將軍容忍、退讓，是把國家的安危放在前面，把個人的私仇放在後面啊！」這話被廉頗聽到，就有了廉頗「負荊請罪」的故事。藺相如與廉頗之間的友誼也成為人間美談。

寬容的品德、寬容的行為是一種無聲的教育。唯有寬容的人，其信仰才更真實。最難得的是那種不求回報的給予，因為它以愛和寬容為基礎；要取得別人的寬恕，你首先要寬恕別人。儘管我們不求回報，但是美好的品質總會在最後顯露它的價值，更讓人感動。公共汽車上人很多，一位女士無意間踩到了一位男士的腳，趕緊紅著臉道歉說：「對不起，踩到你了。」不料男士卻說：「不不，應由我來說對不起，我的腳長得也太不苗條了。」哄的一聲，車裏響起了一片笑聲。顯然，這是優雅的讚美。而且，身臨其境的人們也不會懷疑，這美麗的寬容給這女士留下了深刻印象。

是啊，責人不如幫人，倘若對別人的錯誤一味挑剔、苛責，只能更加令人反感，而且可能激起逆反心理而一錯再錯。但寬容卻可以讓他人更深刻的感受到你的真摯，這種無聲的教育更勝一籌。

「世界上最寬闊的是海洋，比海洋寬闊的是天空，比天空更寬闊的是人的胸懷。」人人多一份寬容，人類就會多一份理解，多一份真善，多一份珍重與美好，生活中的酸甜苦辣也將化作五彩的樂章；在生活中學會寬容，你便能明白很多道理。學會寬容，樂於賞識和稱讚他人，並時刻保持能夠使自己得到成長和增加學識的靈活性，這一切便產生了幸福、和諧、美滿和事業有成，這就是一個人豐富多彩的生活應有的特徵。

原諒曾傷害過你的人

時常會聽到有人說：「我死也不原諒那些傷害我的人」，但你想過沒有，真的有人讓你恨到骨裏嗎？你如此執著不放，不肯原諒，最終禁錮的只是你自己。因為你恨的人，他不會活在你的感覺裏，糾結其中得不到快樂的人反而是你自己。那麼，何不原諒曾經傷害你的人，放了你自己呢？

聖經裏對愛的真諦是這樣描述的：「愛是恒久忍耐、又有恩慈，愛是不嫉妒；愛是不自誇、不張狂，不作害羞的事；不求自己的益處，不輕易發怒，不計算人的惡，不喜歡不義，只喜歡真理；凡事包容，凡事相信，凡事盼望，凡事忍耐。愛是永不止息。」原諒那些曾經傷害你的人，你才能收穫新的人生精彩。

想想看，當我們給予別人玫瑰，首先聞到花香的是我們自己；當我們抓起泥巴想拋向別人時，首先弄髒的是我們自己的手。就算是為我們自己考慮，我們何不對那些曾經傷害我們的人報以微笑呢？以微笑示人，溫暖的其實是我們內心。

倍受觀眾喜歡的前香港著名女藝人沈殿霞就是一名寬容大度，能以微笑對待曾經傷害過她的人，她這種懂得體諒和原諒他人的品質，使她成為倍受尊重的人。

當沈殿霞是一名紅透香港的金牌司儀時，她與名不見經傳且飽受生活打擊的鄭少秋一見如故。她不顧輿論壓力，全力扶持鄭少秋的事業並安慰他的情感，在與他同居九年後毅然和他登記結婚且不惜冒著生命危險為他懷孕生女，然而她們的女兒來到人世還不到兩個月，鄭少秋卻移情別戀。他們十年情感一朝雲散，最終以沈殿霞遭到沉重打擊而告結束。多年以後，沈殿霞在ＴＶＢ主持的談話節目《掌場背後》開播，第一期節目的第一位嘉賓竟然是鄭少秋。二人相對而坐，待節目結束時，沈殿霞突然很意外的問鄭少秋說：有個問題好久前就想問你了，今天藉這個機會問你一下，你只需回答ＹＥＳ或是ＮＯ就行，這個問題就是究竟在多年以前，你有沒有真心的愛過我？鄭少秋聽後，幾乎只是稍加思索，便堅定而認真的回答說：我真的好愛妳！此言一出，沈殿霞立刻淚流滿面，隨即那幸福的笑容便呈現在她迷人的臉上，彷彿歷經多年的苦難和恩怨，都在那句「我真的好愛妳」這六個字中煙消雲散了。

肥姐以她的博大的胸懷原諒了曾傷害過她的人，贏得了所有人的尊重。她這種化詛咒為祝福的智慧確實令人驚嘆，也為自己創造了一個融洽的人際環境。所以說，寬容是意味著一個人的自愛達到了能夠使自己做到誠實、開朗，在生活中保持樂於進取的程度，那寬容就是善意的理解和理解之後的愛和關懷。

原諒曾經傷害自己的人是偉大的，寬恕曾傷害自己的人是一種充滿智慧的處世之道，吃虧是福，誤解、謾罵、忘恩負義，都不去計較，這種吃虧，其實就是一種寬恕他人的智慧，以一種博大的胸懷和真誠的態度寬恕別人，就等於送給了自己一份神奇的禮物，那份輕鬆和愉悅是其他事情代替不了的。

佛蘭克林說：「對於所受的傷害，寬容比復仇更高尚。因為寬容所產生的心理震動，比責備所產生的心理震動要強大得多。」假如別人傷害了自己，千萬不要只會怨恨，關鍵是要學會寬容，並避免被別人再次的傷害。如果能夠原諒傷害自己的人，不但自己可以及時釋放心理的怨恨，而且別人也能夠因此保持美好心情。原諒別人的傷害不僅是解放了他人，更是釋放了自己，所以，我們應該學會原諒曾經傷害我們的人。

有兩個失落的少年到加州的一個林場裏玩，惡作劇地縱火燒了那片叢林。他們想像著消防員警們滅火時的慌亂和焦慮，因此內心得意萬分。但他們萬萬沒有想到，因為他們的惡作劇，一名消防員警在撲救火災的時候不幸犧牲了。

犧牲的員警才二十二歲，是在他全力以赴地履行自己的職責時，被濃煙燻倒後燒死在叢林裏的。更讓人傷痛的是，他早年就沒有了父親，是母親獨自將他撫養長大的。成長的過程充滿艱辛，他很愛他的母親，並時常表示長大以後一定會好好回報她。而此次的救災，正是他參加工作後的第一週，連第一次新水都沒領到就……

在查明這是一起蓄意縱火案後，整座城市的人們頓時憤怒了，市長表示一定要將罪犯逮捕歸案，讓他們接受嚴厲的懲罰。員警開始四處追捕，那兩名被列入嫌疑人的少年照片，也開始出現在各個角落。而這一切，是當初這兩個少年想都沒有想到的，聽著來自四面八方的憤怒聲，他們陷入深深的悔恨、無奈和恐慌之中。

除了這兩個少年，媒體的目光更多的放在那位員警的單身母親身上。但是當她對著媒體說話時，所有人都震驚了。她是這樣說的：「我很傷心的看到我的兒子離開了我，但是我現在只想對製造災難的兩個孩子說幾句話：你們現在一定活得很痛苦，很可能生不如死。身為這個世界上最有資格譴責你們的我，我想說，請你們趕快回家吧，家裏還有等待你們的父母。只要你們這樣做了，我會和上帝一起原諒你們……」

那一刻，所有的人都落淚了，被這位偉大的母親感動了。人們沒有想到這位剛剛失去兒子的母親，居然會說出這樣的話，他們沒有聽到這位母親的哀傷或是憤怒。更讓人們沒有想到的是，這位母親發表講話後的一個小時，在鄰城小鎮的一家旅館裏，兩名少年出來投案自首了。

兩名少年告訴員警，就在那位母親發表電視講話的那天下午，他們因為承受不了這巨大的社會壓力而購買了大量的安眠藥，準備一起離開這個世界。但就在這時，他們從電視裏聽到了那位母親的說話聲音，他們聽完後，頓時淚如雨下，於是便將安眠藥丟到一邊，撥通了警察局的電話……。

如今這兩名魯莽的少年已為人父，他們時常帶著自己的孩子去看望那位可敬的母親，那已經是他們心靈上的另一位母親。一個悲劇故事就這樣以溫馨的結局收尾了，而誰都可以想像，如果這個母親當時說出的是另一番話語，這兩條生命就將從此逝去，母親也就永遠陷入了孤寂之中。所以說，原諒那些曾經傷害你的人，用寬恕能化解人與人之間的怨恨和矛盾，也能讓自己收穫一份恬淡、安靜的心態。

原諒那些曾傷害我們的人，給自己的生命留下一點空隙，就像兩車之間的安全距離，一點緩行的餘地，可以隨時調整自己，進退有序。寬恕他人就能讓自己的身上創造出生命的力量、光芒，既能照亮他人，也能點亮自己。

用心去發現別人的優點

用心去發現他人的優點，是一種境界、一種涵養、一種素質、一種情感。發現並欣賞他人的優點，既是對他人的一種肯定、一種理解、一種尊重、一種鼓勵。發現別人的優點，也是對他人的個性、特長、言行、優點和成就發自內心的褒揚稱讚。這是滋潤人與人友誼之花的最美的甘霖。人生旅途中，努力發現並學會欣賞他人的優點，會讓世界充滿了溫暖與生機。因為你在發現他人的優點並為其喝采的時候，他人也會用欣賞的眼光看待你。

北宋時期，大文學家蘇軾有一次與佛印禪師一起打坐。蘇軾對佛印開玩笑說：「我在打坐時，用我的天眼看到大師是團牛糞。」佛印說：「我在打坐時用我的法眼看到你是如來本體。」蘇軾回家後得意洋洋的告訴妹妹。蘇小妹說：「哥哥，你實在輸得太慘了。你難道不知道修行的一切外在事務都是內心的投射嗎？你的內心是一團牛糞，所以看到別人也是一團牛糞；人家內心是如來，所以看到的你也是如來。」

這雖然是發生在宋朝的小故事，但這個哲理小故事中蘊含的道理在今天依然適用。你喜歡別人，別人也就喜歡你；你欣賞別人，別人也就欣賞你；你努力發現別人的優點，別人也會看見你的優點。所謂的：「欲將取之，必先予之」就是這個道理。

而生活在競爭激烈、節奏快的現代社會中的人們，只是將眼光投注在自己身上，很少去關注他人。就像一隻把頭埋進沙子裏的鴕鳥，只看到自己的優點和別人身上的缺點，卻從不關注他人的優點和自己的缺點，而一味的覺得自己是優秀的，自己應該獲得別人同樣的成績。可是實際上並不是這樣的，於是開始抱怨，把自己搞的很累。如果多努力發現他人優點並學習他人的優點，改正自己的缺點，那麼，他就離成功不遠了。

努力發現和欣賞他人的優點，是一種理解和溝通，也包含了信任和肯定；也是一種激勵和引導，可以使人揚長避短，更健康的成長和進步。

學會多角度看人，學會欣賞別人的優點，學好讚美別人的長處，常對世界懷著感恩之心，你的人生就進入一種更新、更美的境界。

阿紅與阿明結婚五年了，在阿紅口中的阿明，有千種不是、萬般不對，是個一無是處的人。可是，在別人眼中，阿明卻是個彬彬有禮而又能言善道的人。有一次在朋友的聚會中，有人稱讚阿明，阿紅聽了生氣且大聲的說：「你們知道不知道，他是個雙面人啦！外面的人對他印象不錯，可是他在家裏卻是個討厭鬼。」

這時，他們的好友阿葉冷靜的開口說：「阿紅，妳對阿明處處看不順眼，事事聽不順耳，最大的癥結，其實不是在阿明，而是在妳本身！」

阿紅狠狠的瞪著阿葉，阿葉不慌不忙繼續說著：「妳的雙眼有兩根釘子，你的雙耳有兩根長刺。妳看他時，看到的是自己眼中的釘；妳聽他時，耳中的刺又在作怪。妳試試看，拔去眼中的釘和耳內的刺，再去看、再去聽，也許感受便完全不一樣了。」

是的，如果你老是盯著別人的缺點，不但自己不快樂，也會給別人永遠地貼上錯誤的「標籤」。

努力發現並承認別人的優點，最重要的是：看別人時，把著眼點放在別人的優點上，便能將那一根一根既弄痛自己又刺痛別人的鐵釘，變作兩顆鑲嵌在眼珠裏的鑽石，這樣一來，落在眼中的世界，將變得更璀璨、更晶亮、更美麗！

要知道每個人的心靈的空間都是有限的，如果你的心靈空間裏裝滿了他人的缺點，你就沒有空間去存放他人的優點了。所以，我們應當清除我們心靈空間中的那些垃圾缺點，騰出空間，去發現和收集他人的優點。

努力發現並欣賞他人的優點，不是讓你去活在別人的影子裏，而是在欣賞的過程中發現，在發現的過程中欣賞，在欣賞的過程中昇華，不斷提升欣賞的層次與深度，在欣賞中享受快樂與激情的動力，以致在欣賞中思考自己、尋找自己、正視自己、修正自己。

努力發現並欣賞他人的優點，是一種感召的過程，是一個能動的過程，是主觀見諸於客觀的過程，不以主觀想像而人為的，當你發現並欣賞他人的優點，就必須按照客觀事物的本來面目去認定別人、評價別人、總結別人、學習別人，而不以你的好惡而胡說八道，只有真正按照客觀存在去公正的認定別人，你才能有真正心靈的震撼；而為什麼許多人會出現嫉妒而不是欣賞呢？是因為不願按照事物的真實去認定別人，這是最大的悲哀。所以真正努力發現並欣賞他人的優點，就是有勇氣把別人當自己的旗幟。

努力發現並欣賞他人的優點，是一種尊重、承認，更是一種互補。欣賞別人的瀟灑倜儻，因而能培養自己的風度；欣賞別人的高談闊論，進而可以提高自己的口才；欣賞別人的作品，從而可以開闊自己的視野和胸懷。欣賞是一種互補，是一種冶煉，是自身修養不斷提高的捷徑。

努力發現並欣賞他人的優點，是一種氣質提升，有助於自己逐漸走向完美。一個人總能在某一方面勝過別人，但在這一方面也總會有人比他強。所謂：「一山還有一山高」，就是這個道理。每個人都各有所長，隨時發現別人的優點，這對於一個人的生存能力、合作能力、發展能力的提高，都具有重要意義。

努力發現並欣賞他人的優點並不難做到，這要求我們去發掘生活和工作周圍的人，想想他們的好處和優點，並毫不吝嗇的稱讚他們，這將會在人與人之間形成良性互動，使我們的工作環境更溫馨可愛，作為個人的人際關係也能大大改善。你可以在擁有朋友的同時體會到人性的純美、真情的可貴。友情同樣是一種愛，一種更高尚、更至誠的愛。

其實，社會上的每一個人都渴望別人的欣賞，渴望自己的優點能得到他人的賞識。所以，每一個人應該學會努力發現並欣賞他人的優點，在這種相互欣賞之中，世界才能充滿著愛！

莫生氣，用微笑去擊破謠言

網路是個好東西，它給我們帶來了無數便利，但網路也是謠言最好的溫床。那些靠公眾的關注度而活的明星們自然是謠言的最好對象，然而，關於一般人的謠言在網路世界有時也能引起轟動。

這是個謠言滿天飛的時代，明星可能用此進行炒作，不管如何先混個「名」再說，但對於我們生活在平凡世界的人，不需要什麼炒作，然而我們依然走不出謠言的包圍。

作為眾口相傳的謠言，一般散布極廣，從其散布來看，它分為兩種：一種是當事人自行散布，比如明星的「炒作」、「作秀」等，目的就是讓謠言滿天飛，利用的就是謠言的效應，想的就是讓自己上頭版、頭條，要的就是人盡皆之，這種謠言不是我們一般人所能做的。它的危害也在當事人可以控制的範圍內。

然而另一種謠言確實危害很大的，這種經他人散布的謠言，散布者只有一兩個人，他們藉著眾人之口，以達到不可告人的目的。我們一般人遇到的多是這種謠言，當事人會苦不堪言。

作為一名普通人，我們總是不願意自己成為謠言的對象，現代社會中的現代組織，人與事越來越變得錯綜複雜、微妙神秘，要想完全脫身，置身於一切謠言之外是不可能的。幾乎很少有人能一生都不曾被人造謠中傷過，但我們必須明白：嘴長在別人臉上，但耳朵在自己身上，完全有可能讓它去少聽少傳。有人的地方就有謠言；一九三五年三月八日，一代影后阮玲玉在人們的流言蜚語中，結束了自己年僅二十五歲的生命，含恨留下「人言可畏」的遺言，以此印證了「舌根底下壓死人」的俗語。

謠言是社會的怪胎，卻又無處不在，它把每一個人捲入其中。言者捕風捉影、信口開河；傳者人云亦云、添油加醋；聞者半信半疑、真偽難辨；被害者莫名其妙，有口難辯。如某女長得漂亮、年輕，於是就成眾人嫉妒的對象，人家和某男說上幾句正常的話，有人就會傳出：「瞧，又在勾引人呢？」一傳十，十傳百，這樣藉著眾人之口，發洩了自己的嫉妒心理，真要追問起來，又找不到一個真正說者，當事人是越描越黑，此類空穴來風的謠言，不查也罷，報以淡淡一笑，不但能顯示出自己做人的大度與優雅，還能給幸災樂禍的人一種打擊。某男，工作能力強，成績非常出色，因此得到上司的信任，於是很快升任某個職位，而那些費盡心思去爭的人卻沒有得到；自己無意苦爭春，一任群芳妒，謠言便會四起，從私人生活，從一些雞毛蒜皮的小毛病處挑起，有點不把你打倒誓不甘休的心理，這時的你千萬可別亂了手腳，他們只是把你的小毛病誇張了，目的就是要打倒你，讓你有苦難言；你要看到自己的優勢，心存自信，從容的一笑，把謠言拋之腦後，謠言也就自滅了。

所以說針對謠言，作為一般的我們，不管怎樣，淡淡一笑，總不會錯。你的笑容中展現著你的從容與大度，你的笑容展現了你的自信與對謠言的蔑視，你的笑容中展現著你的成功與對手的失敗，你的笑容中展現了向謠言表現的謝意。謠言絕非空穴來風，靜下心來尋找一下源頭，尋求解決之道。謹記，謠言面前保持微笑、冷靜對待，要比捶胸頓足、淚雨滂沱要好得多。

化解流言蜚語，說難也難，說易也易。「身正不怕影子歪」，時間會證明一切的，很多時候流言有黏性，你不理會還好些，你一理會，它也就有了「真正的主人」。不僅消止不了，反而更「說明問題」，攬言己身。流言確如一隻好鬥的公雞，只要你蔑視它、不和它硬鬥，慢慢地它就沒有勁了。我們切忌在流言面前暴跳如雷、大吵大鬧，那樣只會於事無補。

所以，請不要在謠言面前生氣、暴跳如雷，而是要保持微笑、冷靜對待，用微笑去擊破謠言。

不要在得失上過分算計

生活中如果我們在每一件事的得失上都算計的話，我們將會活的很累。其實，人活於世有多少慾望，便有多少煩惱；無慾無求，也就無煩無惱了。雖然我們達不到無慾無求的狀態，但可以少慾少求。所以生活中凡事不要太計較，能過就過，別人怎麼做不要管，管好自己就好。人生福禍相依，變化無常。少年氣盛時，凡事斤斤計較，錙銖必較，這還情有可原。一個人年事漸長，閱歷漸廣，涵養漸深，對爭取之事應看得淡些，凡事不必太計較得失，順其自然最好。如果年少時就能學會這份豁達，他的生活中必然會增加很多歡樂。

雖然人生中一些事情，需要我們較真才能成功，但在生活中卻不可太較真，不能在得失上過分算計。就拿夫妻生活來說，夫妻二人日日見面，天天生活在一起，但又是完全獨立的兩個個體，摩擦與矛盾是在所難免的。作為夫妻，食的是人間煙火，誰也不可能完美無缺，所以雙方都應當學會寬容對方的缺點，只要不是原則性的大問題，就不要求全責備，該裝糊塗就裝糊塗。對方無意間帶給你的小小傷害或不悅，不要放在心上或掛在嘴邊，過去的事就讓它過去。適時的寬容對方，可以消除婚姻的陰影。那麼這樣的生活就存在一個凡事不必太認真的問題。要不然你的生活就會充滿痛苦，你就無法享受當下生活的美好了。

不但是夫妻生活中不能太較真，我們在日常生活中每一件事都不能過分算計得失。如果過分算計得失，由於人是相互作用的，你表現出一分敵意，他有可能還以二分，然後你則遞增為三分，他又會還回來六分……，把敵意換成善意，你會有很大的收穫。當「冤冤相報何時了」的雙輪，能成為「相逢一笑泯恩仇」的雙贏時，你的人生才會充滿快樂，你生活中的每一刻對你而言都是美妙的。

所以，對於生活中的很多事情，不要苛求得失，該裝糊塗就裝糊塗，損失點也沒有關係才是瀟灑的處世哲學。要做到不在得失上過分算計，有的時候就要學會放棄，懂得放棄也是一種美德。

懂得享受當下的人懂得適當放棄、懂得超脫！生活也需要「有所為才能有所不為」，因為有所得，就必有所失。什麼都想得到，上帝不會那麼眷顧你、滿足你，你只能是生活中的不如意者。要想獲得某種超常的發揮，就必須放棄某些東西。瞎子的耳朵最靈敏，因為眼睛看不見，他必須豎著耳朵聽，久而久之，耳朵功能達到了超常的功能；會計的心算能力最差，2＋3也要用算盤打一遍，而擺地攤的則是速算專家。生活中也一樣，當你追求的某種功能充分發揮時，其他功能就可能退化，因為生活是公平的，有所得就會有所失，所以，不要過分計較得失，相信生活會給你最圓滿的答案。

因此，請不要在生活中太計較得失，凡事不必太在意，更不需要去強求，就讓一切隨緣。**逃避，不一定躲得過；面對，不一定最難過；孤獨，不一定不快樂；得到，不一定能長久；失去，不一定不再擁有。**可能因為某個理由而傷心難過，但你卻能找個理由讓自己快樂，永遠在得失面前保持一種超然的灑脫。

學會不計較得失，學會放棄，你就能享受到當下的幸福，以求精神愉悅；學會不計較得失，學會放棄，你就能以輕裝前進，在未來的道路上步履輕盈，這是我們每一個人都應修煉好的基本功。對於那些不能得到的，我們坦然的放棄；對於那些已經得到的，我們無比的珍惜，你將會發現，原來你當下擁有的生活是那麼的美好。

得饒人處且饒人

古今中外那些做大事的人，都有一種氣魄和涵養，那就是得饒人處且饒人。他們都有一個彌勒佛的大肚子，能容天下難容之事，不會目光短淺斤斤計較，糾纏雞毛蒜皮的瑣事。所以，他們才能在人生的道路上獲得他人的敬重與幫助，才能成就不平凡的人生。

這是個競爭激烈的社會，也是個充滿溫情的社會。在與人交往中如果你斤斤計較，得理不饒人，眼裏容不下一粒沙子，無論什麼雞毛蒜皮的小事，都要論個是非曲直，別人肯定會遠遠的躲著你。相反，如果互相理解、互相體諒，得饒人處且饒人，與人相處只要遵循求大同存小異的心態，有肚量，能容人，就會有越來越多的朋友，做事也能左右逢源，諸事遂願。可見，得饒人處且饒人是一種超然處世的智慧。

在生活中一定要得饒人處且饒人，有理也要讓三分。生活中常常有些人就是這樣，無理爭三分，得理不讓人，小肚雞腸。相反，有些人真理在握，不吭不響，得理也讓三分，顯得綽約柔順，君子風度。前者，往往是生活中的不安定因素，後者則具有一種天然的向心力，一個活得嘰嘰喳喳，一個活得自然瀟灑。有理沒理，饒人不饒人，一般都在是非場上、論辯之中。假如是重大的或重要的是非問題，自然應當不失原則地論個青紅皂白，甚至為了追求真理而獻身也值得。但日常生活中，也包括工作中，往往為了一些非原則問題，小小的皮毛問題爭得不亦樂乎，非得說上點兒，誰也不肯甘拜下風，說下句兒，說著論著就較起勁來，以至於非得決一雌雄才算甘休，結果嚴重的大打出手，或者鬧個不歡而散，雞飛狗跳影響團結，甚至還有可能釀成人間悲劇。

某一年發生了一起驚心的三條人命血案，究其緣由，僅僅起因於一次微不足道的事件。是兇手殘忍過度，還是逝者罪有應得，目擊者眾說紛紜。

當天，一名時尚女子駕駛一輛BMW735的車子，路過一個自行車修理店，碰倒了一輛待修的自行車，因此車身有了刮痕。女子遂下車，要求修車師傅賠償其損失，並對修車師傅百般辱罵。起先，修車師傅據理力爭，但時尚女子哪肯罷休，於是上前用力推修車師傅，修車師傅揮手阻攔，碰巧把時尚女子的衣服弄髒。出現此等變故，時尚女子更是怒不可遏，放言，車子的事情暫且不算，必須先拿一萬元出來賠自己的衣服。

事情發展到此時，曾有過路人出面調解。修車師傅也忍氣吞聲的向時尚女子道歉，並且表示願意為她清洗衣服。可是時尚女子依然不接受，一邊繼續辱罵修車師傅和上前調解的過路人，一邊拿出了她的手機開始求援。

時尚女子求援的對象正是她的父母，她們一家三口就住在對面的高級住宅區。其父來到現場，並未對事情原委做任何瞭解，便直接抄起地上的打氣筒朝修車師傅頭部猛砸數下，頓時修車師傅血流滿面。部分實在看不下去的圍觀者開始指責其父行為，並有幾個上前勸架。但其父竟揚言，如果有誰敢靠近就會給他同樣的下場。此時，其父繼續猛踢修車師傅腹部，其母則站在一旁破口大罵為修車師傅說話的圍觀者，而時尚女子則一直坐在開著冷氣的BMW車裏，得意洋洋的看著這場鬧劇的上演。

幾分鐘過後，時尚女子父母打累了，也罵累了。其父對修車師傅說：「十五分鐘之內，老子要是看不到一萬元，以後你就別混了」。修車師傅掙扎著從地上爬起來，吐了幾口血唾沫，痛苦的說：「你等一下，我這就去拿」，然後步履蹣跚的向高級住宅區對面的社區走去。此時此刻，四名當事者的心境都不相同，但是都已經走上了一條不歸路。

大約十分鐘的樣子，修車師傅返回了事發現場，來到時尚女子父親對面。其父冷笑一聲，便伸手跨步上前。就在此時，修車師傅迅速的抽出懷中的右手，手裏拿的並非是一疊鈔票，而是一把雪亮的生魚片刀，以迅雷不及掩耳之勢刺向了對方的心臟，然後在同一部位又補了兩刀，其父沒有發出任何聲響便倒在了地上。緊接著，修車師傅兩三步走到其母眼前，轉瞬之間連捅三刀。殺紅了眼的修車師傅並沒有放過車裏早已目瞪口呆的時尚女子，拎小雞般將她提出車外，連捅數刀後，扔於路邊。

幾分鐘後，警方和救護車均已趕到現場，警方不費吹灰之力便將兇手逮捕。而剛剛還活生生的三條人命，連急救的程序都沒有進行便撒手人寰。

發生這樣的事情，不會存在著一個勝利者，修車師傅同樣必死無疑。這個教訓實在是太深刻了，只不過是一件小事，但當事人最終釀成了人間慘禍。

所以，為了享受美好的當下生活，我們要站到高處，往好處想，理解別人、寬恕別人、得饒人處且饒人。這樣你的生命才能美麗，生活才會安康。

得饒人處不饒人，最終的結果可能是兩敗俱傷。生活中的每個個體都是不同的，世界上沒有完全相同的兩片樹葉，更沒有兩個完全相同的人了。每個人的智慧、經驗、價值觀、生活背景都不相同，因此與人相處，爭鬥難免—不管是利益上的爭鬥或者是非的爭鬥；這種爭鬥在現今社會這樣競爭激烈的大環境中表現的尤為明顯。

面對這種爭鬥，大部分的人一陷身於爭鬥的漩渦，便不由自主地焦躁起來，一方面為了面子，一方面為了利益，因此得了「理」便不饒人，非逼得對方徹底服輸不可。然而「得理不饒人」雖然讓你吹著勝利的號角，但這卻也是下次爭鬥的前奏；「戰敗」的一方為了一種面子和利益，他當然要「討」回來。「得理不饒人」是你的權利，但何妨「得理且饒人」！

所謂「得饒人處且饒人」，就是放對方一條生路，讓他有個台階下，為他留點面子和立足之地，只要你做到這一點，有的時候反而能收到讓你意想不到的效果。可能你爭鬥了半天得不到的事物，反而在你放他人一馬之後獲得了。即使「得饒人處且饒人」之後，你什麼利益也沒有得到，但你至少能收穫一份輕鬆的心情，能讓你享受當下生活的閒適與清閒。

吃虧在當下，受益在未來

如果明知是一件吃虧的事情，你還會盡心盡力的去做嗎？可能很多人會說，明知是吃虧的事情還去做，那豈不是傻子嗎？殊不知，能吃虧是做人的一種境界，會吃虧是處事的一種睿智。吃虧絕不虧，惜福才有福！那些只專注眼前利益，只看到眼前得失，不肯吃虧的人，反而失去的更多。

其實，人的生命是很短暫的，人生一世，功名利祿，生不帶來，死不帶去，斤斤計較徒然給自己增加痛苦而已，不如看淡得失，放下名利，享受當下生活的快樂。有的時候，一件看似吃虧的事，往往會變成非常有利的事。

世界上沒有白吃的虧，有付出必然有回報。生活中有太多這種事情，如果過於斤斤計較，往往得不到他人的支持。只有放開肚量，從長遠的角度思考問題，那麼吃虧實際上就是一種商業投入，吃虧就是福呀！因此，以「吃虧」贏取聲譽不失為一種精明。華人首富李嘉誠說：「有時看似是一件很吃虧的事，往往會變成非常有利的事。」是啊，吃虧也是一種福啊。如果只顧一時的利益，失去的就會是長遠的利益。

然而在現實生活中，能夠主動吃虧的人實在太少，這並不僅僅是因為人性的弱點，很難拒絕擺在面前本來就該你拿的那一份，也不僅僅是因為大多數人缺乏高瞻遠矚的戰略眼光，不能捨眼前小利而爭取長遠大利。還因為「吃虧」不光是一種境界，更是一種睿智。所以說，吃虧是福，吃小虧佔大便宜。

有人說，世界上有三種人一點也不肯吃虧，一種人肚量太差，吃了虧就想不開，茶不思飯不想，好像被剜了肉一樣；一種人火氣太大，吃了虧就要雙腳跳，輕則破口大罵，重則大打出手，把事情弄得不可收拾；還有一種人心眼太小，吃了虧就要睚眥必報，常常讓別人怨聲載道，讓自己因小失大。

事實上，如果你能夠平心靜氣地對待吃虧，表現自己的肚量，往往能夠獲得他人的青睞，獲得你生活所需要的人脈資源，從而獲得人生的成功。

尤其在人際關係中，「吃虧就是佔便宜」這是屢見不鮮的交際法則。因為人是群居性動物，在人際交往中，想要絕對的「平等」是不可能的，在不同的場合、不同的事件中，與不同的人交往，總要有人吃虧，有人受益。但吃虧和受益是相對的，同時也是沒有嚴格的衡量標準，有些事情你自己可能認為是受益者，而別人卻有可能認為你「吃虧」了；而有些事情你認為自己「吃虧」了，但別人卻有可能認為你是受益者。「塞翁失馬，焉知非福」，事物總是向前變化發展的，有些事情當時是受益了，最終導致的結果仍有可能是「吃虧」；有些事情當時可能是「吃虧」了，最後卻有可能會出現一個受益的結果。

「吃虧」有兩種，一種是主動的吃虧，一種是被動的吃虧。「主動的吃虧」指的是主動去爭取「吃虧」的機會，這種機會是指沒有人願意做的事、困難的事、報酬少的事。這種事因為無便宜可佔，因此大部分的人不是拒絕就是不情願；主動爭取，這是對人際關係的幫助。最重要的是，什麼事都做，正可以磨練人的做事能力和耐力，不但懂得比別人多，也進步得比別人快，這是無形資產，絕不是用錢買得到的。

「被動的吃虧」是指在未被告知的情形下，突然被分派了一個並不十分願意做的工作，或是工作量突然增加。碰到這種情形，除非健康因素或家庭因素，否則就應接下來。如果冷眼旁觀周圍環境，發現也沒有抗拒的餘地，那更應該「愉快」地接下來。也許你不太情願，但形勢比人強，也只好用「吃虧就是佔便宜」來自我寬慰，要不然怎麼辦呢？至於有沒有「便宜」可佔，那是很難說的，因為那些「虧」有可能是對你的試驗，考驗心志和能力。姑且不論是否「重用」，在「吃虧」的狀態下，磨練出了耐性，這對日後做事肯定是有幫助的。此外，「吃虧」也會讓人無話可說。

誠然，「吃虧是福」並不是要我們不思進取，消極生活，否則「吃虧」將會是無知、無能的代名詞。所以，我們要學會吃虧，要從吃虧中悟出積極為人處世的道理，從吃虧中提升個人的品行和素質。

天地輪迴，平衡是一個永恆的主題。在人生的歷程中，沒有哪一個人不曾吃過虧。面對「吃虧」，我們要多一些寬容，多一些理解，多一些友愛，這樣即使當下吃虧了，未來你會因此而受益。

第八章　追求簡約，享受平淡的快樂

現在是一個物質非常豐富的年代，我們可以享受到前人無法想像的生活，但是這也是一個生活節奏快，浮躁的社會。平淡、簡約的生活反而成為一種奢侈的願望。

其實，在這個物慾橫流的現代都市叢林中，種種壓力致使人們活得煩累、空虛與無聊，如果我們試著學會在平淡的日子裏尋找一些樸實的感受，選定一些簡單的基調，淡化一些無謂的雜質，我們才能癒合傷痕，不讓快樂的生活從手中流失，不讓人生的軌跡出現偏離。

然而，簡約的平淡，要把很多事情看淡，甚至化為烏有，其實也是很不簡單的。人生如水，有順流也有逆流，在柔情似水中，層層剝開心靈的枷鎖，用真誠與善良點綴自己的世界，把每一段都演繹得精彩。如果我們每個人可以活得簡約一些，平淡一點兒，就能帶給自己一個澄澈的生活空間。

壁立千仞，無慾則剛

在這個物慾橫流的社會，每個人總有著無窮無盡的慾望：沒有錢的想要有錢，有了錢想要更多的錢；員工想升職加薪，升職加薪後就想自己當老闆；租房住的還在為買每一坪而奮鬥，買到房子的卻在憧憬著海邊的別墅……我們都在想著存款裏的數字再多一點，業績的排名再靠前一點，職位再向上爬升一點……我們總是不滿足現狀，總想改變成什麼，總想擁有更多。

我們不甘落後與平庸，總是在更新著理想，不斷更新的理想和來不及實現的目標總有一段距離。距離讓我們恐慌，讓我們覺得落後，落後讓我們一刻也無法放鬆。我們的生活總在理想中的未來，並不在現在，所以，只有奮力再奮力的奔跑、追趕。

我們很少想到自己所擁有的，卻常常看到自己沒有的，於是，沒有的就成了理想，我們的理想就是這樣被製造出來的。因為有理想，所以必須不斷追趕；因為有理想，所以對現在總是不滿；因為有理想，所以把現在過得很不理想，一直無法放鬆下來，直到在睡夢中還在不停的追趕。

其實，人的慾望就像一個難填的溝壑，似乎永遠也填不滿。這個慾望剛剛滿足了，下一個慾望又產生了。慾望的產生永遠比滿足慾望的手段跑得快，慾望的滿足只存在於完成時的那一刻，在滿足的那一刻之後，人們就對它再也沒有興趣了。似乎人們已經忘記了享受當下的生活，只知道不停的追求未來的慾望。

當在夜深人靜的時候，你是否對自己敞開心靈，觀看過自己的慾望？我們曾經想得到一千元，現在得到了，然而為什麼還不快樂？因為我們又開始創造出新的慾望，開始期待新的未來一萬元。沒錯，得到一萬元之後，下個目標就是十萬元，得到十萬元之後呢？就是百萬、千萬……你的內心是不是存在著無窮無盡的慾望？只是當慾望滿足後，你是否真的快樂和知足了呢？

有一個老人在自家門口的一塊空地，豎起一塊牌子，上面寫著：「此地將送給一無所缺，全然滿足的人。」

一名富有的商人，騎馬經過此處看到這個告示牌，心想：「此人既然要放棄這塊土地，我最好捷足先登把它要下來。我是個富有的人，擁有一切，完全符合他的條件。」

於是，他敲門說明來意。

「你真的全然滿足了嗎？」老人問道，

「那當然，我擁有我所需要的一切。」

「果真如此，那你還要這塊土地做什麼？」

我們常以為，若能得到更多的錢、更大的權力、更高的名位、更大的成就就會滿足。但是，當我們得到這些目標時，我們還是不會滿足，因為永遠都有下一個更遠的目標在前面等待我們去完成，這就是慾望的本質，也是慾望的可怕之處。

讀過《聖經》的人，對於古代猶太國極盛時期的君王所羅門，有很深的印象。所羅門被稱為充滿智慧的君王，他領導的猶太國，國強民富。他個人的聰明才智，超過歷代的學者智士，他的財富名位也是得心應手，可以說要什麼有什麼，物質的享受，算得上達到了頂峰。但是，所羅門他滿足了嗎？他是否感覺到自己得到了真的幸福呢？我們看看他自己寫的一段話就能明白：「空虛而又空虛，萬事全是空虛。太陽底下沒有一件可以留念的東西。一代過去，一代又來，大地仍然常在。」所羅門又描寫說：「智能越多，煩惱越多；學問越廣，憂慮越深。」從所羅門的作品中，可以看出來，世間的一切都不能滿足他，都不能使他幸福。他那麼的充滿智慧，又是一位極有財富的君王，尚且不能滿足於現實，何況是我們一般的人呢？

你真的瞭解自己要的是什麼嗎？我們根據心靈真正的聲音去找尋想要的生活，不是看到別人有什麼就想要什麼，也不是因為別人擁有了什麼我就一定要比他的好。如果這樣，此生，我們恐怕都填不滿這個慾望的洞。

要懂得享受現在的生活，不要讓滿足永遠都在未來，站在那個遙遠的山頭孤單飄搖，讓我們感受不到其中的快樂。可以給人生設定一小步一小步的方向，每當實現或得到，就好好珍惜和把握，滿足得到，活在當下，不要無期的盼望著未來，而把現在當作無用的泥土踐踏。如果你把滿足永遠放在未來，那麼你的當下只能伴隨著不滿、痛苦，你就會錯失當下的快樂。

只是人們似乎忘記了，生活不能裝得太滿，生活當中不能有太多的慾望。要知道「壁立千仞，無慾則剛。」生活中有一個小竅門，也許大家都有體會：熱水瓶的開水如果裝得太滿，反而容易涼。這是為什麼呢？因為熱水瓶蓋能傳熱，如果開水裝得太滿了，水與塞子接觸，水的熱氣就會透過蓋子散發出去。這樣，熱水瓶裏的水，就會很快冷卻下來。所以，有經驗的人不會將熱水瓶裏的水裝得太滿。生活其實也是一樣，裝的太滿，慾望太多，就會讓人無法享受到當下的幸福。

所以，在生活中我們凡事不能太滿，把握一個合適的度，才是讓別人和自己都舒服，這是一種生活的藝術、處世的技巧。生活就是一杯水，儘管杯子的華麗程度因人而異，但杯子裏的水，清澈透明，無色無味，對任何人都是一樣，我們有權利選擇加鹽、加糖等各種調料，但若添加的成分太多，裝得太滿，會不堪其重。

生活中如果充滿了太多的慾望，則會讓我們忘記了生活中簡單的快樂。常言道：「物極必反，水滿則溢」。這裏告訴了我們一個道理，當我們在處理問題時，要留有餘地，以便旋轉和掉頭。一根鋼絲做成的彈簧是有彈性的，但是如果我們不顧及彈簧彈性的最大承受力，過於用力的拉扯它，那麼最終的結果就是彈簧的彈性削弱甚至消失。所以在生活中，我們要根據自己的承受力度來設定慾望目標，不要做慾望的奴隸。

那麼，從現在開始我們應該試著去調整自己的心態，與其達不到某個設定的慾望目標，痛苦不已，不如調整自己的心裏期望，盡情的享受當下的快樂和幸福，而不要成為慾望的奴隸。

嘗試中庸之道，過上簡約生活

現在社會，追求物質財富是一個普遍的現象，世俗奢靡之風彌漫的很厲害，很多年輕人認為成功的生活方式就是高消費，就應該進高級的交際場所，就應該住豪華的房子。似乎人們已經忘記簡約生活的快樂，只知道追求奢華的享受。

然而，過度的追求精緻、華貴的生活反而會讓人陷於無盡的痛苦當中，卻不知簡約才是生活的真諦。但也有一些人能夠獨善其身，在物慾橫流的社會中發現簡約生活的美好。

理髮藝術大師沙宣看到很多貴族婦女早上起來弄頭髮要弄一個多小時，把繁瑣的頭髮造型當作美來追求，覺得不可思議。沙宣認為簡單的、表現個人性格的髮型才是美，於是他開了一個小小的理髮店，照著他的理念來給顧客設計髮型，很快引來無數追捧者，很多理髮師也採納了沙宣的風格，最後簡樸的髮型成為世界潮流，沙宣也逐漸變成一個理髮、護髮用品的世界品牌。

宜家創始人看到昂貴的成套傢俱讓多數家庭望而怯步，發明了用材簡樸，可以自由組合、自己組裝的傢俱系列，最終風行全球，成為最大的連鎖傢俱企業。還有很多案例可以證明，簡約之美比奢華之美擁有更多的欣賞者和追求者。

梭羅曾說過：「我們的生命不應該擲於瑣碎之中，而應該盡量簡單，盡量快樂」。

但現實社會中，隨著生活節奏的加快，人們的人生觀、價值觀在多樣化呈現的同時，心態也日益浮躁起來，我們似乎已經不知道自己真正想要的是什麼，也許我們沒有遇到一些事，沒有觸摸到生命的本質，如果有一天，當生命最真實的狀態展現在我們面前時，可能會得到新的領悟。

艾迪是一位已經很成功的商人，他想要更大的擴展事業版圖，把生意做到太平洋的西邊去。就在前往西岸的考察途中，他和他的同事突遇災禍，被困在太平洋中，毫無希望的在大海中漂流了二十一天，最後才被救起。

經過此一事件後，艾迪好像變了一個人，縮小了自己的公司，開辦起了一家養老院，每天和老人在太陽底下喝咖啡、聊天，唱歌、下棋，笑聲不斷。

當有人問他為何這樣做時，他回答說：「我從那次海上遇難的事件中，學到了最重要一課，那就是：如果你有足夠的水可以喝，有足夠的食物可以吃，就絕不要再奢求任何事情。」

在不停奔跑的你，是不是有時候也要停下追趕的腳步，環顧一下四周呢？其實，我們身邊的每個角落裏都躲藏著真實而美好的生活，只要用心去體會，就能感受到快樂，一味的追趕並不代表就能擁有一切，擁有一切也不代表就一定會幸福。

是的，人生不應當永不知足，也不應當排的太滿，太滿便沒有空間去享受生活，會讓心靈衰老很快。過簡單生活，主動摒棄一些東西是種成熟的心態，那是因為我們知道自己要什麼而不要什麼了。適當的時候，我們應該嘗試中庸之道，過上簡約生活。不想做的事情拒絕了，不想交的朋友捨掉了，不想賺的錢不要了……還原生活的本尊，真實體驗生活中的自由、輕鬆和屬於生命自身的意義。有節奏的適當放慢腳步，給生活多做減法，生活才會從容，身心才會舒暢。或者這樣的簡約生活才能讓我們體會到生命的真諦，實現快樂的生活。

簡單是美，平淡是真，當我們真正明白，所有的日子都是周而復始，生活就像無色無味的白開水，我們才能在平淡中體味甘冽，才能把人生變得豐富多彩。只有駕馭住生活，把握住自我，我們才能處世坦坦蕩蕩，做人明明白白，才能讓從容自信的自我永遠拒絕倦倦的眼，鹹鹹的淚，煩煩的心，沉沉的嘆。

有人說：「多彩人生需要平淡生活詮釋，平淡生活需要多彩人生烘托。」是的，當我們懷抱著「簡單是美，平淡是真」的信條上路，我們的人生之路肯定會走得順暢而輕鬆，快樂而從容，這跟「**長的漂亮不如活的漂亮**」是同一個道理，當我們面對人生太多的遺憾，面對自身太多的不足，既然已經求不到事事完美，天天如願，那就拋去重負，遠離是非，試著給自己一份美麗的心情好了。

當我們把簡單與平淡真正貫穿於整個生命的歷程，誰能說我們每天走過的不是人生最完美的一段段征程呢？

日出日落，春去秋來，生活看似簡單，可是只有真正走過四季，走過平淡，我們才能在簡約中發現，過一張一弛，超然物外，緩緩的，靜靜的生活，每一天都是好日子，每一天都有好心情，不信？

現在當你放眼看到窗外的陽光和晴空，難道不承認今天又是好日子，今天又有好心情嗎？簡約的平淡，如一幅淡淡的素描圖，淡淡的幾筆黑色的線條，勾勒出的可是淺淺的臉、美麗的眼，那是紙上呼之欲出的生動。

在這個充滿著種種壓力與浮躁的現代都市叢林中，請試著學會中庸之道，快樂的微笑，嘗試簡約的生活吧。

知足常樂，何必追求得不到的東西

「知足者常樂」，出自《論語》，是說對自己沒有奢望，能樂天知命，隨遇而安，順其自然。困境中知道尋求比上不足、比下有餘的平衡，從而滿足自己的現狀，珍惜自己的擁有，遠離慾望的煩惱，品味人生的快樂，能保持精神愉快，情緒安定，樂而忘憂。但在這個攀比之風越演越烈的社會，懂得知足的人實在是太少了。

西班牙和美國心理學家在一九九二年巴塞隆納奧運會田徑比賽場上，用攝影機拍攝了二十名銀牌獲得者和十五名銅牌獲得者的情緒反應。心理學家們發現，在衝刺之後和在頒獎台上，「第三名」看上去比「第二名」更高興。

研究人員對這一現象進行了分析，最後得出結論：因為銅牌獲得者通常對自己的期望值並不是很高，獲得銅牌也許是他為自己所制定的目標，也許是他根本沒期望的好成績，不管怎樣都是一個驚喜，因此內心已經很高興了；而銀牌獲得者他的目標往往就是金牌，沒有奪冠當然會覺得遺憾，內心會有一點難過。事實也的確如此，每當記者在領獎後採訪獲獎運動員時，許多亞軍幾乎都會說：本來有希望成為冠軍的。而季軍的獲得者會因為自己闖入了前三名而十分知足。

其實，我們每個人應該懂得知足，為自己正確定位目標，才能成為主宰自己情緒的主人。你站在什麼位置上看問題，決定了你的人生態度。不要為自己不能實現的願望而灰心，甚至喪失了堅持的勇氣，循序漸進看問題，沒有什麼能成為阻擋你快樂成功的絆腳石。

所以，不要追求那些得不到的東西，不要制定一些不符合實際情況的目標，如果你的成績是不及格，請把目標先定到及格上，而不是滿分。只有懂得知足才能享受到當下生活的樂趣。要知道，人的慾望是無止境的，看似只有拳頭大的心臟，可裝下很多人自己都盤算不清的東西，有這樣一句話：「心有多大，舞台就有多大。」也許這就是人性，但是我們要學會知足。

從前有一頭驢子，牠的生活很安逸，主人是一個布商，從來不讓牠做粗重活，只是偶爾去城裏上貨的時候讓牠馱著並不沉重的布匹走幾趟。每逢主人不在家的時候，牠就可以由小主人帶著去山上吃草、散步。

一天，小主人由於貪玩，便讓驢子自己吃草，他跑到山下和小朋友們玩。驢子已經厭倦了腳下的草地，牠舉目望去，啊，山那邊有好多草啊！牠興奮的跑了過去，可是發現要過好幾個坡才能到，為了那新鮮肥美的草，牠堅持跑到了山頂。這時牠已經很餓了，而且筋疲力盡了。剛要俯下身子去吃草時，牠突然發現對面山上有一片更肥更鮮美的草地，於是牠放棄了眼前的美味，繼續向那片草地跑去，還沒有跑到目的地，驢子就倒在了地上。

可憐的驢子，總是這山望著那山高，結果白白斷送了自己的性命。

你是不是覺的那頭驢特別的傻呢？但你有沒有審視過自己，有的時候我們也是那頭這山望著那山高、永遠不知道知足的蠢驢呢？學會知足，這是對人性的修煉，也是人活到的境界！學會它，人生路上會充滿陽光，什麼時間都生活在溫暖中，愜意將是整個人生的主要背景，人生就是一曲歡快、熱情而奔放的交響樂！

有一個女孩從高中時代一直到大學畢業，都只死心塌地的愛著一個男人，學生時代她是大家公認的小女人，因為他們兩個人總是一天到晚煲電話粥，什麼雜七雜八的瑣碎事情都能夠聊出來，這讓宿舍的姐妹們佩服得五體投地，認為這兩個人到了這種地步，今生今世是再也分不開了。

然而，大大的出乎人們所料，八年過去了，本以為畢業之後他們會理所當然地修成正果，哪知道？半年不到，傳來了他們分手的消息，來得突然，朋友中沒有一個人能夠立刻反應並接受的。然而談及其中緣由，女孩只是淡淡地說：「緣分沒了，誰都強求不了。」但八年的感情是否就一個「緣分」能解釋的呢？是否真的像很多人說的，在一起太久，反而難走到一起了？八年，因為八年太久了，所以就該分開嗎？她的很多朋友都非常疑惑。

畢業之後，她找到了一份教書的工作，開心、滿足也輕鬆，畢竟和學生打交道總來得簡單。沒幾個月，她與一個在同一所學校工作的男教師交往起來，也就是他現在的老公，從結婚到現在不到兩年的時間，現在的她體會到的生活是除了幸福還是幸福，她說她很知足，過去的依然是一段溫馨的回憶，畢竟是屬於成長的經歷，但是現在所擁有的更值得她一輩子去珍惜，因為這將是陪伴她一生的寶貝。

女孩閒暇時最喜歡的就是聽張學友的歌，專專心心地崇拜了張學友十多年，後來終於有一次機會去聽張學友的演唱會，再加上老公的陪伴與支持，她更是感覺幸福得不得了。

女孩微笑著描述著自己的心情，眉宇間寫滿了幸福和快樂，這是一種知足的快樂，一種讓我們每個人都可以品味到的快樂。只是，我們往往只知道抬頭張望別人的星空，卻總錯過自己這片獨特的風景。

是啊，珍惜自己擁有的，懂得知足，我們才能快樂。如果一輩子只是不停的追求那些得不到的東西，我們就會流失當下的美好。

知足能夠帶給你一種歡暢，一種輕鬆，同時也是一種快樂的享受。這種享受就在你的身邊，只要你願意伸出手來，你就能擁有它。從現在開始，請忘記那些你得不到的東西，珍惜你的擁有，享受知足者的快樂吧！

用平常心去看待當下生活

你是不是總是在羨慕他人，不斷的要求、不停的追趕和奮鬥呢？你是不是時常感覺自己工作壓力大，時常感到心力交瘁，疲憊不堪呢？其實，這一切都是因為你缺乏一顆平常心，不能用平常心看待自己以及當下的生活引起的。雖然我們想透過自己的努力提高自己的生活品質，這是無可厚非的，但如果過度追求物質生活，心態不平衡，那就會讓你自己陷於無止境的痛苦中。

用平常心來看待當下生活，雖然只是簡單的一句話，但在生活中，卻是人們很難超越的一道坎，因為我們並不懂得何為真正的平常心，也不懂得怎樣來保持自己的平常心，更不懂得怎樣來利用平常心，更是常常忘記了生活需要保持一顆平常心。

用平常心來看待當下生活，首先需要我們保持一種心境，不僅對待周圍的環境要做到「不以物喜，不以己悲」，更要對周圍的人、事做到「寵辱不驚，去留無意」，這樣，我們的生活才能有一份平靜和諧。

其實，用平常心來看待當下生活也是一種境界，慧能大師曾說：「本來無一物，何處染塵埃。」他這種超脫物外、超越自我的境界正是平常心最好的解釋。平常心不是「看破紅塵」，更不是消極遁世，相反，所要表現的卻是一種積極的心態，以平常心觀不平常事，則事事平常。

現實中，有些人過得並不富裕，但卻活得真實、輕鬆。為什麼呢？關鍵是心態好，能夠用一顆平常心看待當下生活。但有的人可能一生都在不停的追逐名利，卻從沒停下腳步來認真欣賞一下人生的美景，感受一下生活本質的甜美，在慾望永不滿足的心態下，生活對他來說只能是一個字：累！其實，人生在世，不如意者十之八九。古人說得好：「人有悲歡離合，月有陰晴圓缺，此事古難全。」因此，只有對生命充滿感激，對生活充滿熱愛，珍惜所擁有的，用平常心看待當下生活，幸福才能常伴左右。

我們的生活需要我們保持一顆平常心，因為擁有一顆平常心的人往往是一個寬宏大量的人，面對失敗，能夠坦然處之，跌倒了能夠再爬起來。面對成功與他人的讚揚，能夠欣然接受，但又絕不因此而驕傲，在這種寵辱不驚中笑看生活的起起落落。

用平常心來看待當下生活的人不會成為愛慕虛榮的人，不會因為名利的誘惑而保持不住自己，更不會不顧信譽做一些雞鳴狗盜之事。他們做人光明磊落，做事坦坦蕩蕩，不虛假也不掩飾，也不會在名利面前亂了手腳，去做一些有損名譽的事情。他們把名譽看得比什麼都重要，更不會有意去損毀自己的名聲，於是他們活得心安理得，用細節彰顯著他們人格魅力。

用平常心來看待當下生活的人不會掩飾自己的缺點，相反他們會把一個真實的自己擺在周圍人眼前，希望周圍人能挑出不足和欠缺，他們懂得要時時進行自我反省，才是真正對得起自己，換句話說，就是能把自己看得很清楚。活得真實、活得坦然，人生的不完美也因為真實而完美。

用平常心來看待當下生活的人能夠先看透人生沉浮，生活本來就不可能一帆風順，有成功也有失敗，有開心也有失落。如果我們把生活中的這些沉浮看得太重，那麼生活對於我們來說永遠都不會坦然，永遠都沒有歡笑。比如說馳騁生意場上，有時虧損，有時賺錢，甚至會遭逢逆境，這並不完全是環境的緣故，也不一定是運氣的原因，僅僅是經營方法上出了問題，如果我們沒有以平常心去對待這種局面，相信這樣的生活肯定沒有陽光。人生本來就有高潮和低谷，何必要讓這些無法避免的事情主宰我們的情緒呢？如果我們用一顆平常心來看待這些，你就能安然處之，我們就能時刻體會到人生的樂趣。

用平常心來看待當下生活，可以減少憂慮，生活的更加健康。現代人的疾病不僅僅是生理上的疾病，更嚴重的還是心理上的疾病，而心理上的疾病大多數由憂慮所引起。醫生指出，醫院裏一半以上病人的病情都是憂慮引起的，或因憂慮而加重了病情。我們往往發現，先前我們所憂慮的事情簡直是小題大做，甚至是荒謬可笑的，只是因為當時缺乏這種平常心的調節而導致心不平氣不和。比如說，有人會為幾乎不可能得的病、幾乎不可能發生的變故感到憂慮，事後會發現其實是杞人憂天。所以，我們需要用一顆平常心來品嘗當下生活。

所謂的平常心，不過是「無為、無爭、不貪、知足」觀念的匯合而已。作為一種處世態度，也可進一步解釋為：淡泊之心、忍辱之心和仁愛之心。其中的無為並不是無所作為，無爭也不是不和惡勢力抗爭，而是一種心境、一種境界。為善不執是平常心，老死不懼是平常心，吃虧不計是平常心，逆境不煩是平常心。只不過這一切說起來容易，做起來卻很難。所以，世界才會有那麼多的恩怨情仇、追逐殺戮，只是到最後才發現，一切皆是自己給自己製造的幻境，卻在這個幻境中失去了本該擁有的快樂幸福。等到突然醒悟，想要追回幸福快樂時，那些曾經近在咫尺，握在手中的幸福快樂已經成為了天邊浮雲，只能追憶卻無法擁有了。

所以，在我們有限的生命中，遇到什麼樣的情況，都要保持一顆平常心，因為你所擁有的一切都是生活的饋贈，你擁有了，生活就會平靜，如果你失去了，那麼道路就會坎坷，人生也會從此不再平靜，只有用平常心來對待、品嘗當下的生活，你才能永享安然快樂。

安貧樂道，不要羨慕富人的生活

當看到高級別墅金碧輝煌的燈光，當看到高級進口車囂張的馳騁而過時，你的心裏是不是會生出羨慕與嫉妒？期望著某一天自己也能過上那種富貴奢華的生活？是的，可能我們每個人都對財富與奢華的生活有種羨慕，這種羨慕可能會成為我們前進的動力，但是對富貴的過分羨慕卻可能會使我們走上歧路，會毀了我們的一生。

在這個世界上，人們總是會羨慕自己沒有的東西，如同失敗者總是羨慕成功者、醜陋者總是羨慕美貌者一樣，窮人當然總是把富人看作是羨慕的對象。富人的生活似乎在窮人的眼中是神仙過的日子：錦衣、美食、香車、美女，還有豪宅、別墅，這一切都讓窮人羨慕不已。而窮人的日子則差得很多：劣酒，差食，甚至可能討個老婆都困難，連住的房子也往往是簡陋不堪的。然而財富帶給一個人有可能是富裕的生活，也有可能是災難，如果你不擇手段的追求財富，財富就可能不擇手段的對付你。

所以，我們不能過分的羨慕富人，不能過分的追求財富，要知道安貧樂道也是一種幸福。富貴的生活固然很吸引人，但安貧樂道的生活也有值得羨慕之處。因為這世界上，財富並不是衡量人成功的唯一指標。富人雖然擁有金錢，但許多東西金錢卻是無能為力的。金錢買不到幸福的生活，買不到健康的身體，買不到真摯的愛情，買不到純真的友誼，買不到聰明智慧，也買不到長生不老。你再有錢，你再闊，最終你還是和所有人一樣要睡在冰冷的棺材裏。窮人雖然最缺乏的是金錢，但是沒有金錢，窮人卻照樣可以擁有許多寶貴的東西，而且富貴的生活也並不是表面上看起來的那麼光鮮亮麗。所以說，有時候我們真的不必過分的羨慕富人的生活。

蒙地卡羅(MonteCarlo)是摩納哥(Monaco)的名城，也是歐洲著名賭城和賽車城市，這個小小的國家只有三萬居民，其中只有六千人是國民。

馬路上的車輛都是法拉利和保時捷，走在街上到處都是高級西餐廳，購物商場賣的不是名牌服裝，就是名錶珠寶，連傢俱都是宮廷式的設計。

開車在山巒間穿梭，不時看見有人全副「武裝」踏著登山腳踏車去郊遊，不同山區的小鎮露天咖啡座有人在邊喝咖啡邊看汽車雜誌。抬頭一望，還有一些滑翔傘從山頂滑過，往海上滑去，視線隨著滑翔傘移動到海面，十多艘帆船正揚帆出海。

經過碼頭的時候，除了一艘又一艘來自世界各地的豪華遊艇之外，岸上是一群又一群準備出海划獨木舟的年輕人。

他們很多都只是把這裏當成是渡假勝地，有大半的產業一年三百六十五天中的三百天是給空氣住的。

這裏簡直就是一幅關於富貴的畫卷。

但是這樣的城市與我們的現實離的太遠，一個來自法國尼斯(Nice)的記者用狄斯奈樂園來形容蒙地卡羅。狄斯奈樂園固然有許多歡樂，但童話和神話一樣沒有生命力，一個笑容永遠不變，快樂程度長年不變，做事從來不流汗也不懂得流淚的動物，生命會不會不夠完全？

其實，生活在現實中的我們，享受安貧樂道，關注當下的生活，才是真正的幸福。安貧樂道是什麼？不是以貧為安，是在貧中能安，是在貧中堅持自己的人生信條，找到一種心靈的寧靜，並以此為樂。是一個人在貧窮的境地中，能泰然處之，不會因為貧窮而怨天尤人，心理失衡，而是依然孜孜不倦地追求自己心中的人生之道。不是摒棄錢財，不是以貧為樂，是君子愛財取之有道，是別看我囊中羞澀，我有所不取；別看我落魄無聊，我有所不為。安是一種能力，樂是一種選擇，是對自我的認可，是一種自信。安貧樂道是人在生命過程中的一個認知高度，懂得了安貧樂道的境界，我們就能享受到當下的幸福。

這世界也真是因為有了懂得安貧樂道之人才會更美好，因為懂得安貧樂道，所以才會有很多並不富裕的人對錢財的捨棄；因為懂得安貧樂道，才會有撿垃圾資助貧困學子的教授。如果你能體會到安貧樂道的幸福，你就會在人生座標上找到了自己的位置。能夠安貧樂道，是一件值得恭喜的事情，懂得安貧樂道，你就能體會到生活的美好。

從現在開始，讓我們也試著品嘗安貧樂道的生活，享受當下生活的美好吧。

適可而止，見好就收

生活中我們總是比較喜歡那些認真的人，因為他們做事仔細，為人正派，都說認真的人最可愛，認真能讓工作變得出色，能讓生活變得美好，也能讓人生變得幸福和充實，認真的態度是每個人都需要的，不管是在工作中還是生活裏。然而，我們卻看到不少人認真得近乎於偏執，對自己苛求過多，導致人生過於沉重，而這樣的人總會背上沉重的十字架，無法享受當下生活的幸福。

其實，適可而止，見好就收，不要過分苛求自己的人才能活的快樂、幸福。不能成為第一，就坦然接受第二；不能擁有偉大，就甘願靜守平庸，用輕鬆的人生規則主宰自己的快樂又有何不可呢？因為任何事情都會「過猶不及」，懂得八分哲學的人才能擁有更多的快樂。

在日常生活中，我們都知道飯不宜吃得過飽，八分為最好。其實，我們為人處事從智慧與和諧的角度來說，遵循八分飽的尺度也是最合適的。所謂人生的八分哲學，指的是為人處事舉止有度，屈伸合拍。八分哲學，講究的是一種和諧、有彈性的生活方式。遵循八分哲學的人，不會認為自己所提倡的是絕對的真理，他們只是在努力的接近生活的核心，並希望能窺探到八分真相。因此，八分飽的人生哲學，本身就是一種「在路上」的哲學。懂得了八分哲學的人也就懂得了適可而止的藝術。

其實，人活一世，凡事都不能太苛求，都應有度，愛情也要把握尺度，愛到八分才是恰到好處。愛情只到八分，留那麼兩分的距離，不僅可以避免相互傷害，不讓感情成為對方的負擔，而且距離產生美，平淡儲存真，更有利於地久天長。倘若我們投入十二分愛一個人，甚至像纏樹的藤，精神上依附，物質上依靠，情感上依賴，不留一點空間和縫隙，這樣的愛好累，會讓對方感到壓抑和窒息，一旦承受不了，便會想到逃避。所以，這世界上才會有那麼多的情仇愛恨的故事。

所以說，我們需要學會八分哲學的道理，要不然就會樂不可極，樂極生悲；慾不可縱，縱慾成災；酒飲微醉處，花看半開時……但一個人只要懂得八分哲學的人生態度，就可在物慾橫流的社會中冷靜進取、保持一種高蹈輕揚的人生態度。我們的生活真的很需要八分哲學，很需要適可而止，見好就收。

但是，人生中懂得這八分哲學的人實在是太少了，我們要怎樣才能做到適可而止呢？適可而止，關鍵在於把握一個度，讓一切恰到好處，不多也不少。當然這個度的把握也很微妙，需要我們在生活中體會。

我想大家可能見識過「潔癖」的人。在生活中講究衛生是個良好的衛生習慣，只是有「潔癖」的人不知道適可而止，比如每天下班回家都要把裏裏外外的衣服換下來，還要放在消毒液中浸泡清洗；擔心放在辦公室的杯子會成為傳染源，於是就頻繁更換杯子；即使只有自己或家人乘坐的車，每天也要用消毒液擦一遍……醫學專家認為，過分的消毒衛生措施是沒有必要的，這樣不僅產生不到預期的效果，還會給人們在時間、精力上帶來很大負擔；不但他們自己累，也讓身邊的人很累。

及時享受當下的生活，掌握適可而止的藝術，最主要的是在對待財富問題上持有適可而止的態度。俗話說：貪心圖發財，短命多禍災，不懂得適可而止，終究是要吃大虧的。有多少人因為貪心發財，不懂得適可而止，甚至不惜觸犯法律，最終招來牢獄之災。例如黃光裕，這位曾經是國美的掌舵人，締造了一個個神話，也為社會創造了大量的財富，他個人也因為其對國美的貢獻而收穫頗豐。只是他卻沒有掌握人生的八分哲學，不懂得適可而止，最終走上一條讓自己後悔、讓旁人唏噓的道路。

是啊，人心不足蛇吞象，要是沒有學會適可而止，做事貪得無厭，最終自己會毀在無盡的貪慾上面。要知道，貪慾跟煩惱和失敗是成正比的。

有一個寓言故事真的值得我們深思。有一個人窮困潦倒得連床也買不起，家徒四壁，只有一張長凳，他每天晚上就在長凳上睡覺。他向佛祖祈禱能給他一個發財的機會，佛祖看他可憐，就給了他一個裝錢的袋子，並且說：「這個袋子裏有一個金幣，當你把它拿出來以後，裏面又會有一個金幣，但是只有當你把這個袋子歸還給我以後才能使用這些金幣。」

那個窮人就不斷地往裏拿金幣，整整一個晚上沒有合眼，地上到處都是金幣，他這一輩子就是什麼也不做，這些金幣也足夠他花了。每次當他決心歸還那個袋子的時候，都捨不得。於是他就不吃不喝地一直往裏拿著金幣，直到屋子裏全堆滿了金幣。

可是，他還是對自己說：「我不能歸還袋子，金幣還在源源不斷的出，應該多拿一些金幣才好！」到最後，結局可想而知，他虛弱得沒有了一絲力氣，終於死在了袋子的旁邊，屋子裏裝的都是金幣。

人生雖然沒有財富是不行的，但人生的追求、人生的成功卻不能只用財富來衡量。財富就像海水，越喝得多，就越感到渴。慾望的永不滿足，不停的誘惑著我們追求物慾的最高享受，然而過度地追名逐利往往會使我們迷失生活的方向。凡事適可而止，才能把握好自己的人生方向。適可而止就是要選擇在最為合適、最為有利的時機，立即停止所做的事情，以達到最佳的效果。在工作和生活中要掌握適度的原則，注意分寸和火候，做到「胸中有數」，才能成為生活的高手。

不但是在對待財富的態度上我們需要八分哲學，其實在生活中的任何事物我們都需要懂得適可而止，見好就收；在商場談判中，根據實際情況，適可而止，也會達到較為理想的效果，增強談判的成功率；在朋友交往、待人接物中，做到適可而止，可以維持和增進朋友間的友誼等等。所以說，生活中我們要懂得適可而止、恰到好處的智慧。

正視完美，不要過分苛求自己

我們每個人都希望自己擁有完美的生活，而生活中最美好的時刻也在於發現美、創造美、享受美。但是，完美只能是我們的一個努力方向，希望自己做的事完美一點；完美卻不能成為人生的終極追求，處處苛求完美，那樣只會將完美變成一個漂亮的陷阱，而你的人生也會因為你的苛求而痛苦不堪，當下的生活也就失去了色彩。

生活上那些不能正視完美的人，都會因為苛求完美而變的心情焦慮、緊張、孤獨，精神備受折磨。

其實，生活中不斷苛求自己，不斷追求完美，就會讓完美成為一種毒藥。因為在生活中事事追求完美是一件痛苦的事，但世界上總是有很多人堅持完美主義，他們對那個永遠不可能實現的目標孜孜不倦，表面上他們多麼勤奮和努力，實際上，他們是在浪費時間。

有位偉大的雕刻家就是一位完美主義者，他所完成的雕像，令人幾乎難以區分哪個是真人、哪個是雕像。有一天，死亡之神告訴雕刻家他的死亡時刻即將來臨。

雕刻家非常傷心，他和所有人一樣，也害怕死亡。他苦思冥想了很久，最後終於想到一個好方法，他做了十一個自己的雕像。當死神來敲門時，他藏在了那十一個雕像之間，停住了呼吸。

死神感到困惑，他看到了十二個一模一樣的人，祂無法相信自己的眼睛，從未發生過這種事！從沒聽說過上帝會創造出兩個完全一樣的人，這個世界上每個人都是唯一的。

這是怎麼回事？死神無法確定自己究竟該帶走哪一個？他只能帶走一個……死神無法做決定，帶著困惑，祂回去了。

祂問上帝：「您到底做了什麼？居然會有十二個一模一樣的人，而我要帶回來的只有一個，我該如何選擇？」

上帝微笑的把死神叫到身旁，在死神耳旁輕聲說了一句話。

死神問：「真的有用嗎？」

上帝說：「別擔心，你試了就知道。」

死神半信半疑的來到那個雕刻家的房間，往四周看了看，說：「先生，一切都非常的完美，只是我發現這裏還有一點瑕疵。」

這個追求完美的雕刻家完全忘記了自己此刻的處境，立即跳了出來問：「什麼瑕疵？」

死神笑著說：「哈哈，我終於抓到你了，這就是瑕疵—你無法忘記你自己，天堂都沒有完美的東西，何況人間。走吧，你的死亡時刻已經到了！」

是啊，天堂都沒有完美的東西，何況人間？

而那些過於苛求自己，過分追求完美的人往往還隱藏著偏執與自我壓抑，導致身心不健康。過於苛求自己的人通常感到自己的壓力更大、更焦慮、身心更易疲憊，長期在這種情緒下容易走上極端，不少人年紀輕輕就患上各種身心疾病，比如憂鬱症，這就是過於苛求，過於追求完美的結果。

十九世紀法國詩人穆塞特曾寫下這段話：「完美根本就不存在，瞭解這句話的人就等於瞭解人性智慧的極致，期待擁有完美是人類最瘋狂危險之舉。」

美國有一家租車公司，長期以來一直居於行業的第二位置，距離市場佔有率第一名的租車公司，有好長一段距離，而後面的競爭者更是強者如雲，眼看著業績下滑。這時候，公司聘請了奚得先生做總裁，他有「經營之神」的美稱，到任後他對公司內部進行了大刀闊斧的改革。要提高知名度，最主要的手段是加大對公司的宣傳。做廣告的時候，廣告大師彭巴克先生建議在廣告中坦白直率地告訴大家—我在租車業中，排名第二。因為是第二，所以要更努力。

奚得先生接受了這則廣告建議，而且所有的車上都貼了奚得先生的電話，如果租車者發現車子不清潔、有煙蒂等等情況，可以直接打電話給他。因為：「我們第二，所以要更努力。」

不久之後，業績急速上升，市場佔有率越來越接近第一名。但是，他們仍以第二自稱，因為第二代表的不只是名次，而是他們努力的形象，而一個不斷努力改進自己的企業，又怎麼會不受歡迎呢？

所以，我們應該坦然的接受生活中的不完美，因為只有不完美，你才有前進的動力。但生活中，我們追求完美時，也不能像雕刻家那樣事事追求完美，因為那樣會讓你變的焦躁、憂鬱，錯失當下生活的美好。

我們應該正視完美，理智的對待完美，我們把完美做為努力的方向，但卻不事事苛求完美，只有這樣的人生才是幸福的人生。

第九章　善待財富，發揮金錢的魔力

財富是很多人一生的追求，因為在這個商品經濟社會中，財富能夠給你帶來很多的享受，然而財富也是把雙刃劍，它能給你帶來享受，也有可能帶來災難。因此，我們要正確的認識財富，善待財富。

金錢本身並無善惡之分，但人有美醜之分，金錢的善惡取決於使用者。因此，我們應當做到君子愛財，取之有道，散財亦有道。

金錢雖然有無窮的魔力，但是我們也不要用健康去換取財富。其實，只要我們做到用好當下的每一分錢，儲存好當下的金錢，並學會進行一定的投資，讓錢生錢，我們也能過上富足的人生。

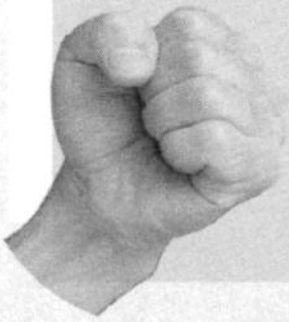

金錢的善惡取決於使用者

有人說金錢是萬惡之源，因為金錢，有人去搶劫、有人貪汙、有人欺詐、甚至會有人為了金錢去殺人放火；兄弟可能會因為金錢而反目成仇；朋友可能會因為金錢而互相出賣等等，似乎是因為金錢，人世間才會有那麼多的醜陋與罪惡。還有人說：金錢是萬能的，金錢就是一切，有錢能使鬼推磨，因為做什麼事情都需要金錢，有了金錢什麼事情都可以做到。似乎因為金錢，人世間才會有幸福和快樂。

這兩種觀點看起來都有一定道理，但都有點太絕對、太極端，帶著這種極端的觀點，人們在追求金錢和利用金錢上，不免會出現思想和行為上的偏差。金錢為萬惡之源論者，會藐視金錢、痛恨金錢、懼怕金錢，他們的行為會遠離金錢，由於手裏沒有金錢，他們的生活不免會比較清貧。當因為沒有金錢而不能滿足某種需要時，他們也會感到很苦惱。

金錢為萬能論者，會嗜錢如命，每天想的就是如何賺到錢、怎樣去賺錢，一切行為都是為了得到金錢。為了得到金錢，他們可以不顧親情、友情，有時甚至不擇手段。在得不到金錢時，他們不免會產生失落，會產生煩惱、感到痛苦。

有些唯金錢論者在財產上是個富翁，但在感情上卻是個乞丐，他們把獲得金錢作為自己的唯一目標，把錢看得比什麼都重要。這種人追求和滿足的只是比較低級的需要，永遠不會受到他人的尊重和社會的肯定，因而也永遠不能成為幸福的人。

其實，無論是人世間的醜陋與罪惡，還是人世間的幸福與快樂都與金錢本身沒有關係，因為金錢本身沒有善惡，金錢的善惡只取決於使用者。

金錢可以使自己獲得幸福，可以幫助他人；但金錢也可以使人走入萬劫不復的深淵，關鍵的是看擁有金錢的人如何使用它。要想正確的使用金錢，就需要有正確的金錢觀。

首先，我們需要明確的是金錢是可以為善的。金錢是人類社會進步，生產力發展到一定程度的產物，是財富的主要象徵。金錢對社會、國家、公司、家庭和個人都是很重要的。金錢可以促進社會進步，使國家興旺發達，使公司蒸蒸日上，使家庭和個人幸福美滿。

金錢是有益的，它使人們能夠從事許多有意義的活動。人們有了錢可以滿足自己的物質和文化需要，可以購買寬敞的房子、新潮的家具、現代化的電器、流行的服裝、汽車等等。人們可以用金錢作自身投資，接受高等的教育；可以用錢實現自己服務社會的心願，例如，支持社會福利事業，為貧困地區助學等；還可以用錢擴大自己的事業，如擴大個人企業規模，拓寬自己的業務範圍等。

美國作家泰勒・希克斯在他的著作《職業外創手術》中說，金錢可以使人們在十二個方面生活得更加美好，那就是：物質財富、娛樂、教育、旅遊、醫療、退休後的經濟保障、朋友、更強的信心、更充分的享受生活、更自由的表達自我、激發你取得更大的成就、提供從事公益事業的機會。

有錢可以增加人的自尊和信心。如果你問一個由貧窮走向富裕的人，金錢對他來說意味著什麼，他會告訴你，沒有錢不僅別人看不起你，就連自己都看不起自己，覺得無顏面對世人，也就是喪失了自尊心。等你有了錢，不管你是否為大家做了好事，大家都會另眼看待你，對你恭恭敬敬，自尊心自然就會增加。對於成功的創業者來說，他們都會有這樣的體會，創業之初，資金短缺，說話辦事總是沒有底氣，缺乏信心，謹小慎微，生怕做錯了決定而毀了自己的事業。然而，等創業成功累積了一定的資金以後，自信心便隨之增強，自信心使他敢想、敢創、敢做、敢於冒險，並為他帶來更大的財富，平時人們常說的「財大氣粗」可能也有這層意思。

有錢可以擺脫許多窘境。俗話說：「一分錢難倒英雄漢。」意思是說，在關鍵時刻如果沒有錢，會置人於一種非常窘迫尷尬的境地。一個人有錢可以應付自己和家庭可能出現需要花錢的事件，如生病、購屋、結婚等。一個企業有錢可以為擴大再生產，為防止經濟蕭條提供必要的資金基礎，做到有備無患。一個國家有錢可以應付突如其來的災難，如洪澇災害、瘟疫等。正像洛克菲勒所說：「錢最重要的功能是，為可以預見的未來提供一定程度的力量和安全感。」

有錢可以幫助人們實現自己的理想。人類已經進入商品社會，雖說金錢不是萬能，但沒有金錢卻是萬萬不能的。你可能有許多美好的理想，或成為一個科學家、企業家、教育家、慈善家、作家等，或成為一個對社會有貢獻的任何一種人。要實現這些理想，沒有金錢可以說寸步難行。維持你基本生活需要花錢，接受教育需要花錢，投資開工廠需要花錢，從事公益活動需要花錢，就連作家從事寫作也需要購買筆、紙或電腦等基本用具。其實，在生活中有許多人都有遠大的理想，也有很好的點子，並且非常勤勞，能夠付諸行動。然而，就是因為沒有資金的支持，他們的理想大都成了泡影。

錢本身的確是個好東西，因為它既是富有的一個象徵，也是成功的象徵。因此，拿破崙・希爾告訴我們：追逐、崇尚金錢也是一種崇高的信念；但不要過分沉溺於其中，不要貪財，也不要吝嗇。

然而，我們也應該明白金錢它也可以為惡，如果過分的追求金錢，我們就可能成為金錢的奴隸。我們應該明確，金錢也不是衡量富有和成功的唯一標準，也不是幸福快樂的唯一源泉。一個人即使有很多錢，但他的精神世界如果是空虛的，或者生活並不自由，那麼就絕不會有幸福，有時甚至是痛苦的。《紅樓夢》裏的賈寶玉生長在一個門第顯赫、極為富貴的封建官僚家庭裏，過著飯來張口、茶來伸手的奢侈生活，照理說他是很幸福的，但事實上並非如此。他為封建禮教所禁錮，沒有自由，因此他不幸福。古羅馬帝國皇帝尼祿可以說是富甲天下，但他是否幸福呢？他的富有、尊貴只是使得他獸性大發，弒母戮師，甚至荒唐到火燒羅馬城，最後眾叛親離，最後只得自殺。這說明了金錢與幸福、快樂之間並不能劃上等號。

所以，我們在崇尚金錢的同時，不要忘了獲得金錢不是人生的目的，而是創造美好人生的手段；致富的終極目標不是金錢，而是藉由金錢來實現人生的理想。

君子愛財，取之有道

「君子愛財，取之有道」指的不僅僅是拾金不昧，也是指所有人的錢都必須來得正當，必須是正當利潤。君子愛財是人之常情，但愛財的君子取財一定要有道，否則就成了斂財的小人了。現代社會就有這麼一些人，帶著君子的面具，實際只是斂財的小人。

《大學》裏有一段話，意思是說：財富這玩意，只要有德望，它就自然會聚集到你身邊來。德是本，財是末，財不聚集，是可恥的事，聚集後不知散財，也是可恥的事。有的人不明此理，所以往往不擇手段聚財，最後東窗事發鋃鐺入獄，最終也未和財神爺結緣。聰明的人才知「德是根本，財是末端」的道理，因此不管貧富都能悠悠度日，在任何境況下都能以一顆平常心對待，有如此道德境界的人，說不定什麼時候他就能做出一番大事業。所以說，只有那些愛財並且取之有道的人，才是真正的成為金錢的主人。

曾有「五金大王」之稱的葉澄衷就是其中一位。葉澄衷早年是一名窮漢，靠在黃浦江上搖木船賣食品和日用雜貨為生。

一天中午，一位英國洋人雇葉澄衷的小船從小東門擺渡到浦東楊家渡，那洋人可能心中有事，船剛靠岸便匆忙離去。洋人離去後，葉澄衷發現舢板上有一個公事包，他打開一看，公事包內不僅有數千元美金，還有鑽石戒指、手錶等。葉澄衷從來都沒有見過這麼多的錢和這麼多值錢的東西！然而，他沒有像見錢眼開的小人那樣感到驚喜，以為自己這下來了財運，而是想到丟了公事包的洋人不知會怎樣著急。於是，他哪兒也不去，就在原處等候那位洋人。

直到傍晚，那位洋人才滿臉沮喪的來到這裏，在尋找了大半天之後，他已經對公事包失而復得不抱很大希望，但他萬萬沒有想到的是，自己的公事包竟然會在舢板上，更沒有想到這個中國船工還一直在等著自己。

洋人打開自己的公事包，見原物絲毫未動，不禁大為感動。真沒想到一個中國苦力竟有如此品德，對外來之財毫不動心。洋人立即抽出一把美鈔塞到葉的手中，以示謝意，誰知葉澄衷拒不肯收，開船就要離去，這位洋人見狀，又立即跳上小船，讓葉送他到外灘。船一靠岸，洋人就把他拉到了自己的公司。原來，這位洋人是一家五金公司的老闆，見葉澄衷為人厚道，心中十分佩服，便想與葉澄衷合夥做生意，這一回，葉澄衷便愉快的答應了。

從此，葉澄衷走上了經商之路，在日後的經營中，他一如繼往的秉承「君子愛財，取之有道」的德性，贏得了消費者的信賴，成為遠近聞名的「五金大王」。

所以，我們要聚財，但更要聚德。在聚財的過程中一定要遵循「君子愛財，取之有道」的原則，聚乾淨財，聚良心財，聚清白財。

是的，金錢是這個時代人們不可或缺的，但賺錢的方式有很多種，我們可以追求正當利潤，但絕不能發不義之財，這應當成為我們做人做事的一個原則。

用好當下的每一分錢

你是不是有這樣的感覺：月薪好像提高了不少，但一到月底你的錢包中還是空空如也；雖然痛恨「月光族」的生活，但每個月的發薪日，還是不得不用大部分的錢來填補信用卡的虧空。那麼你的錢都去了哪裏呢？如果你詳細的記錄了每個月的開支，你就會發現你的錢流失在大量不起眼的地方，而這些錢原本也是可花可不花的，只不過因為你沒有用好它們，才使它們悄悄流失的。如果你想改變這種狀況，那麼從現在開始，用好你當下的每一分錢。

那麼，我們如何用好當下的每一分錢呢？

首先，我們需要養成記帳的好習慣，從記錄每個月的收入和支出開始。保存你所有購物的收據、發票以及一些其他的購物憑證，這是用來記錄開支最為省事方便的辦法。在每個月月初將它們進行簡單的分類，並分別登記。這樣經過一段時間，比如一年，你就可以瞭解你財務支出的大致範圍，算出去年你花在衣、食、住、行上面各是多少錢，記錄的時間一長，你就越能夠瞭解你的消費習慣，這對日後調整你的消費結構及消費傾向有非常重要的意義。雖然很無聊，但絕對是值得的。

接下來分析你的每個月的收入與支出情況，瞭解你把錢都花在哪了。一般來說，我們的支出類型主要有日常的生活支出，例如衣、食、住、行，這部分是每個月的固定支出。除此之外，每個月還有一定的可變支出，例如交通費、過路費和停車費；書籍、報紙雜誌以及光碟；娛樂費等。可變開支每月都會變動，這些開銷容易控制，但是較難預計；另外，每個月可能還會有一定的儲蓄和投資，這部分也需要詳細的記錄下來。上述工作可以幫你瞭解到你的錢都花到了哪裏，讓你重新認識你的支出。接著分析一下你在食物、服裝、交際和公用事業費用（如電話費）上的開支，你確定你必須要在這些方面花這麼多錢嗎？

在瞭解了自己的花錢習慣之後，找出可以用於儲存、投資的錢，並且制定一個合理的用錢方案。制定用錢方案能夠避免你總是左手進右手出，在不知不覺間花光所有的薪水，你應該將它作為人生規劃的一部分來看待。制定用錢方案要注重實際性，並保留一定的彈性。另外，你還需要注意意外的開銷。例如醫藥費、臨時發起的聚會等，這部分費用難以預先估計，但你應當在能力範圍內拿出一部分收入作為意外開銷之用，以免措手不及。

如果你已經擁有了自己的家庭，你還需要制定整個家庭的用錢方案。家庭年度用錢計畫不必太過繁瑣，通常包括：固定支出、固定收入、預計投資金額、子女學雜費以及全家娛樂、休閒的費用等。而按月編制的家庭用錢計畫則相對需要仔細一些，注意安排諸如各種交際費用、各種禮金等的支出。在你給你的孩子零用錢的同時，也應該教會他編制自己的用錢方案，並且鼓勵他貫徹實施。

沒有用錢計畫，沒有目的的揮霍金錢，就如同有一個二十四小時跟隨著你的小偷，一有機會就從你的口袋裏偷走一張張面額五百或一千元的鈔票。而這個小偷就是你自己！那麼，如何才能不讓你的辛苦所得被自己「偷走」呢？一個簡單的辦法就是改變自己的消費觀念，當你看到一樣你希望得到的東西時，你不應該對自己說：「我該不該買它？」而是應該問問自己：「這個月的預算裏有用來買它的錢嗎？它真的值這麼多錢嗎？」你應該考慮自己有多麼需要這東西，而不是只考慮你能不能花這些錢。如果你每週都因為衝動而花掉一百塊錢，那麼一年下來你將為此浪費五千二百元。

用錢計畫不是用來限制你財務自由的枷鎖，你不用要求自己一定要百分之百的按計畫執行，畢竟人生中充滿著不可預測性。制定用錢計畫後，還需要一兩個月的驗證。如果你每月的支出均超過或者低於計畫的二〇％～三〇％，那麼就說明你的計畫過於寬鬆或嚴格，應當進行適當修正。當然，也不要將修正作為你隨意花錢的藉口，不然的話，你為什麼要給自己做這麼一個計畫呢？養成按照計畫消費的習慣之後，你才會發現自己真正能夠做到用好當下的每一分錢。

所以，在制定了用錢計畫之後，應盡量嚴格執行用錢計畫，將計畫外的支出控制在二〇％以內。如何才能做到這點呢？那就是消費要有理性，掌控你的消費。

許多時候你似乎感覺某件東西對你很重要，而事實上卻並不是那麼回事。諸如「顏色很漂亮」、「正在打折」和「我真的很想要這東西」之類的理由，其實只是你自己想要說服自己滿足消費慾望的藉口而已，無理性的消費就是你金錢流失的最大缺口。當你對一件東西產生購買慾望的時候，想想看，買這件東西所花的錢還能購買到其他什麼東西？

至少比較三個不同商品的價格、服務和品質，你還會很想買那件東西嗎？消費是可以掌控的，無視於習慣、衝動或者廣告，你才能夠買到真正想要的東西。如果養成了理智消費的習慣，並將節省下來的錢存起來，你也可能成為富翁。

為了養成理性消費的習慣，平時應隨身攜帶少量的現金，且不攜帶信用卡，這樣就不容易有購物的衝動。盡量避免使用自動提款機提款，也會有助於減少浪費。

為了避免零星的花費失去控制，你可以每個月固定撥給自己以及家人一定數額的零用錢，據說使用這個方法的美國家庭在一年之內，能夠節省超過五百美元的費用。而且從這些零用錢裏，你還能夠擠出一些錢用於儲蓄，你可以將剩下的零錢全部放在一個罐子裏，放滿以後，再把這些錢存入銀行。如果你每天存一塊錢，再加上你口袋裏的零錢，一個月下來你大約會有五十元左右的積蓄，一年就是六百元；如果你每天能存兩塊錢，加上你的零錢，一個月大約能存八十元左右，一年下來你就有了大約一千元的存款。

試著去戒除你染上的一些不良嗜好，如吸煙、酗酒等，這不僅會增加健康，還會增加財富。以吸煙為例，視你煙癮的大小，戒煙後你一年可以節省五千至二萬五千元，十年之後，你在這方面可節省下來五萬到二十五萬元，這些都能讓你養成理性消費的好習慣。

總之，不論你現在是手頭富裕還是手頭較緊張，養成用好當下每一分錢的習慣都能讓你受益終身。

儲存好當下金錢，以備不時之需

生活總是不斷在變化的，有時免不了遇到一些需要臨時花費一大筆金錢的特殊情況，如果我們平時沒有儲蓄的習慣，一旦遇到這種不時之需，我們就會很被動，會因此而耽擱很多事情，甚至可能會造成無法挽回的惡果。為了應付人生中的這種不時之需，也為了合理的理財，我們應養成儲蓄的好習慣。

一個古老看似簡單的巴比倫故事中就蘊含著這樣的道理：

根據巴比倫出土的陶磚十記載，巴比倫最有錢的人叫做阿卡德，很多人羨慕他的富有，因此向他請教致富之道。

阿卡德原來是在擔任雕刻陶磚的工作，有一天，有一位有錢人歐格尼斯來向他訂購一塊刻有法律條文的陶磚，阿卡德說，他願意漏夜雕刻，到天亮時就可以完成，但是唯一的條件是歐格尼斯要告訴他致富的秘訣。

歐格尼斯同意這個條件，因此到天亮時，阿卡德完成了陶磚的雕刻工作，歐格尼斯實踐了他的諾言，他告訴阿卡德：「致富的秘訣是：你賺的錢中有一部分要存下來。」

「財富就像樹一樣，從一粒微小的種子開始成長，第一筆你存下來的錢就是你財富成長的種子，不管你賺的多麼少，你一定要存下十分之一。」

阿卡德再次下定決心存下所賺的錢的十分之一，當第二年，歐格尼斯再來的時候，他又詢問阿卡德錢存的如何？

阿卡德回答：「我把存下來的錢借給了鐵匠去買青銅原料，然後他每四個月付我一次租金。」

歐格尼斯說：「很好，那麼你如何使用賺來的租金呢？」

阿卡德說：「我把賺來的租金拿來吃一頓豐盛大餐，並買一件漂亮的衣服，我還計畫買一頭驢子來騎。」

歐格尼斯笑了，他說：「你把存下的錢所衍生的子息吃掉了，你如何期望它們以及它們的子孫能再為你工作，賺更多的錢？當你賺到足夠的財富時，你才能盡情享用而無後顧之憂。」

又過了二年，歐格尼斯問阿卡德：「你是否達到夢想中的財富？」

阿卡德說：「還沒有，但是我已存下了一些錢，然後錢滾錢，錢又滾錢。」

歐格尼斯說：「你已學會了致富的秘訣。你學會了從賺來的錢中省下錢，你也學會了如何讓錢為你工作，使錢賺錢。你已學會如何獲得財富，保持財富，運用財富。」

這個故事看似簡單，其實蘊含著深刻的道理，那就是金錢是慢慢流向那些願意儲蓄的人。每月至少存入十分之一的錢，久而久之可以累積成一筆可觀的財產。因此，我們一生當中一定要養成儲蓄的習慣。

是的，我們一直都有儲蓄的傳統，然而我們雖然有儲蓄的習慣，但卻有相當多的人對如何儲好當下金錢，並沒有完整而正確的認識。通常，我們進行儲蓄不外乎定存、活存兩種選擇，總的來說，儲蓄安全性高，幾乎沒有本金損失的風險。但按自己的需要決定存、取款時間，你也可以視自己的情況。除了工資收入之外，你也可以將在其他投資上獲得的收益的一部分用這種方法進行處理，這樣既可以抵消一部分投資風險，又便於你估算自己各種投資的實際收益。

所以，請你務必記住，儲蓄是最安全、最穩定，同時也是每個人以備不時之需的防範風險手段，請儲存好當下的金錢。

散財亦有道，千金散盡還復來

擁有正確的財富觀，不僅表現在如何獲取財富上面，還表現在如何花費財富上面。

今天物質生活的豐富，催生了很多富豪，然而今天我們的社會語彙中，卻專門新添了一個詞語「仇富」。當然民眾並非生來「仇富」，關鍵在於富豪財產的「正義性」。

財富「正義」的原則，

一為獲得的正義，著眼於財富獲取的過程；

二是轉移的正義，著眼於財富的流動。

美國早期的慈善家也有「原罪」，比如卡內基、老洛克菲勒，都有著「強盜貴族」、「吸血鬼」的稱號，他們的財富獲得的正義性備受質疑，但他們轉移財富的方式卻成為典範，而且創造出了一套完整的散財之道。

財富除了用於自己的開銷這種散財方式外，在具備一定的經濟實力之後，我們也應當回報社會。這也就是我國古語所說的：「窮則獨善其身，達則兼濟天下。」而在這個方面，一些富翁們可當我們的表率：巴菲特宣布把自己的大部分財產捐贈給蓋茲慈善基金，市值三百七十億美元，這是美國歷史上收到的最大一宗個人慈善捐款。之前，紀錄由世界首富比爾・蓋茲保持，他已經捐贈了二百六十億美元，並表示將退出微軟公司，全力投身慈善事業。香港的霍英東和李嘉誠在「散財」方面也是學習的榜樣。

李嘉誠不忘回饋社會。在他捐助的多得難以計數的專案上，他從未要求用他的名字命名，也未主動提出建立特別標誌以茲紀念。李嘉誠說：「內心的富貴才是財富。如果讓我講一句富貴兩個字，它們不是連在一起的，這句話可能得罪了人，但是，其實有不少人，富而不貴。真正的富貴，是作為社會的一份子，能用你的金錢，讓這個社會更好、更進步、更多的人受到關注。」

李嘉誠說：「我對教育和醫療的支持，將超越生命的極限。」汕頭大學由李嘉誠獨立捐資累計逾二十億港元建立。二十世紀八〇年代以前，在擁有萬餘平方公里面積和有上千萬人口的潮汕地區沒有一所高等學府，是李嘉誠的捐助才迅速崛起一所朝氣蓬勃的新型大學。

甚至在李嘉誠的公司面臨較大困難時，他也沒有停止對汕頭大學的資助。他在給汕大籌委會的信中動情地寫到：「鑒於汕大創辦成功與否，較之生意上及其他一切得失更為重要，而站在國民立場，能在此適當時間，為國家盡心盡力，即使可能面對較大困難的經濟情況下，也一定要做這件有重大意義的事情。」李嘉誠這種矢志不渝地資助汕頭大學的義舉，讓無數知情人士深深佩服。當李嘉誠蒞臨汕大，學生和教職員工對他表現出誠摯的愛戴和景仰之情，讓任何一個人看了以後都會感動。

李嘉誠還非常熱心於醫療和助殘事業。他曾說：「做利國利民的事，乃人生第一大樂事。」最近，李嘉誠表示，他要把個人財產的三分之一（約五百億港元）捐給李嘉誠基金會，以備公益慈善之用。這筆鉅款的捐出，將是華人富豪中最大的捐贈，也是一位偉大企業家對社會的莊嚴承諾和竭誠奉獻。在他的身上，我們懂得了一個人應怎樣去看待財富：聚財其實為了散財，而散財亦有道。

是啊，君子愛財，固當取之有道；君子散財，也當散之有道。老子說：「大盈若沖，其用無窮」。意思是說，最圓滿的事物和行為若有不足，其用卻無窮竭。這就告誡我們，要學會虛懷若谷，才能夠海納百川。對待財富，就要像對待水一樣。

如果你是缸，你的容量就是一缸水；如果你是海，你的容量就是全部水流的總和，缸和海的區別就在於前者是自我封閉的，後者是開放通達的。

是啊，用大海般的寬大胸懷對待財富，散財亦有道，相信千金散盡還復來。

國家圖書館出版品預行編目資料

靠自己 / 魯恩斯著. -- 初版. -- 臺北市 : 種籽
文化, 2019.01
面 ; 公分
ISBN 978-986-97207-0-0(平裝)

1.自我實現 2.成功法

177.2 107022982

Concept 118

靠自己—沒有不平的事，只有不平的心。

作者 / 魯恩斯
發行人 / 鍾文宏
編輯 / 編輯部
美編 / 陳子文
行政 / 陳金枝

企劃出版/喬木書房
出版者 / 種籽文化事業有限公司
出版登記 / 行政院新聞局局版北市業字第1449號
發行部 / 台北市虎林街46巷35號 1 樓
電話 / 02-27685812-3 傳真 / 02-27685811
e-mail / seed3@ms47.hinet.net

印刷 / 久裕印刷事業股份有限公司
製版 / 全印排版科技股份有限公司
總經銷 / 知遠文化事業有限公司
住址 / 新北市深坑區北深路 3 段 155 巷 25 號 5 樓
電話 / 02-26648800 傳真 / 02-26640490
網址：http://www.booknews.com.tw(博訊書網)

出版日期 / 2019年01月 初版一刷
郵政劃撥 / 19221780 戶名：種籽文化事業有限公司
◎劃撥金額900(含)元以上者，郵資免費。
◎劃撥金額900元以下者，若訂購一本請外加郵資60元；
劃撥二本以上，請外加80元

定價：290元

喬木書房

喬木書房